Mit 4 Mahlzeiten pro Tag

SCHLANK & GESUND

Genießen und abnehmen mit Thermomix®

1. Auflage
falkemedia GmbH & Co. KG

Von den Machern von

mein ZauberTopf

INHALT

14
START IN DEN TAG

40
MIT
FISCH

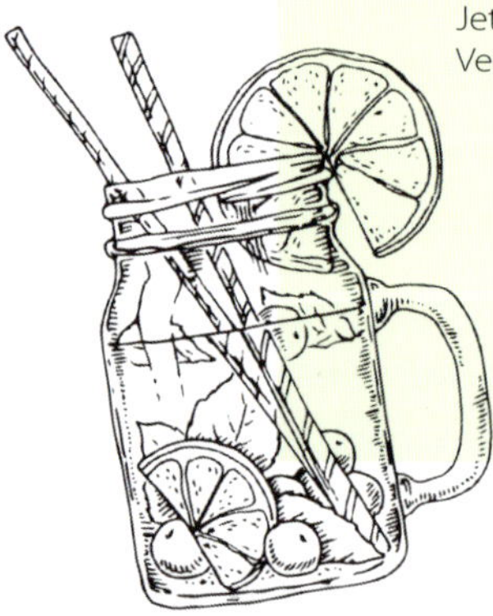

falkemedia
Wir begeistern Menschen.

VORWORT

Genießt das leichte Leben!

Essen, das wirklich schmeckt, tut gut und macht uns zufriedener. Diese Zufriedenheit ist essenziell – auch für alle, die gern etwas Gewicht reduzieren möchten. Der Schlüssel dazu ist absolut unkompliziert und besteht aus drei einfachen Basics: einer gesunden Ernährung, Abwechslung im Speiseplan und Bewegung.

Die Umsetzung ist tatsächlich so einfach wie es klingt. Ihr braucht weder Kalorien zu zählen noch unnötig lange in der Küche zu stehen, um euer persönliches Wunschgewicht zu erreichen.

In diesem Kochbuch und Ratgeber findet ihr Rezepte für genau diesen Lebensstil. Sie sind gesund, vielseitig und so unkompliziert, dass genügend Zeit für Erholung oder den Spaziergang bleibt. Ihr könnt entsprechend unserer Wochenpläne (ab Seite 132) entspannt bis zu vier Mahlzeiten am Tag genießen. Der Thermomix® ist euch in dieser Zeit eine wertvolle Hilfe. Mit ihm kocht ihr die köstlichen Gerichte mit wenigen Handgriffen selbst. So gehören Fertigtütchen und Tiefkühlkost, versteckter Zucker, Aromen und Zusatzstoffe der Vergangenheit an. Ihr werdet bewusst erleben, dass eure Lieblingsgerichte in der eigenen Küche wirklich leicht gelingen, viel besser schmecken und dabei satt machen, statt mehr Appetit auszulösen. Ihr werdet staunen, was auf diese Weise alles auf eurem Speiseplan stehen kann: vom Dönerteller über wärmende, deftige Eintöpfe bis zum verführerischen Kuchen ist alles dabei.

Genießt es, neue Gerichte auszuprobieren und zu erleben, wie gut sie euch tun. Wir wünschen euch viel Erfolg dabei, eure Ziele mit einem guten Körpergefühl zu erreichen.

Euer

mein ZauberTopf-Team

GESUND MIT GENUSS

Gesünder leben bei vollem Genuss ist wirklich einfach – denn wir mixen ganz bequem alles selbst. Auf geht's!

VORWERK
00:00
thermomix

ESSEN, WAS GUTTUT

Mit neuer Inspiration und Motivation starten wir jetzt voll durch. Der Zaubertopf unterstützt euch bei eurem Vorhaben jederzeit

Toller Helfer!

Euer Begleiter

Sich gesund zu ernähren, heißt auch, selbst zu kochen – denn dann wisst ihr, was ihr esst. Versteckter Zucker, wie etwa in Dressings oder Brotaufstrichen, gehört ab jetzt der Vergangenheit an. Der Thermomix® ist gerade in der gesunden Ernährung der perfekte Begleiter: Er gart Gemüse sanft und schonend, zaubert im Nu schmackhafte Salate, rührt den Teig für leckere, gesunde Naschereien, kümmert sich um Suppen und Soßen und hilft uns, gesunde Snacks zuzubereiten.

GEMÜSE IM VAROMA® DAMPFGAREN

Wir verraten euch vier absolute Top-Tipps für volle Vitaminpower und knackiges Gemüse.

1 Für das Dampfgaren von Gemüse und Co. in 30 Min. oder weniger sollten 500 g Wasser in den gefüllt werden. Bei längerer Garzeit für alle weiteren 15 Min. je 250 g Wasser hinzufügen.

2 Den Varoma® mit Gargut be-, aber nicht überfüllen, dabei die Luftschlitze an den Seiten frei lassen. So wird alles gleichmäßig gegart. Varoma® mit dem Deckel verschließen und auf den setzen.

3 Gart ihr auf beiden Ebenen, die Zutaten mit kürzerer Garzeit auf den Einlegeboden geben und später in den Varoma® einsetzen. Beim Dampfgaren **Varoma® | Stufe 1–2** einstellen. Gart ihr im empfindliche Speisen mit, dann wählt . Gart ihr zeitgleich z. B. Reis im Garkorb, verwendet **Stufe 3–4**.

4 Auch im Garkorb ist Dampfgaren möglich. Solange das Gargut das Wasser nicht berührt, wird es ausschließlich von aufsteigendem Dampf gegart. Auch hier sollte immer **Varoma®** als Einstellung genutzt werden.

Volle Vitaminpower

TK-ZUTATEN ERLAUBT

Fisch sowie pures Gemüse und Obst aus dem Tiefkühler – ungewürzt, ohne Zucker und ohne Soße – stehen frischen Zutaten in nichts nach. Im Gegenteil: Ihr spart euch sogar die Putz- und Schneidearbeit. Stellt auch eure eigene TK-Kost her, indem ihr Suppen, Aufläufe oder Lasagne vorbereitet und nach dem Abkühlen einfriert. Das ist Fast Food vom Feinsten!

In dieser Folge verrät euch ZauberTopf-Moderatorin Dési ihre besten Geheimtricks und tolle Kniffe, wie ihr euer Gemüse schön knackig, gesund und farbenfroh zubereitet

GESUND

Bunt ist gesund! Klingt einfach und ist es auch. Achtet auf eine ausgewogene Ernährung, viel Grünzeug in Form von Salaten, Gemüse und Kräutern tun eurem Körper gut. Hülsenfrüchte und Nüsse versorgen euch mit wichtigen Proteinen und Vitaminen. Aber nicht nur das „Was" ist wichtig, sondern auch das „Wie". Esst aufmerksam und langsam, kaut alles gut. So spürt ihr, wann ihr satt seid und bleibt es auch länger.

Mehr Eiweiß

Integriert eine Proteinquelle in die Mahlzeiten – wie z. B. Müsli mit Quark oder Nüssen. Das hält den Blutzucker konstant und macht Heißhungerattacken den Garaus.

Frische Zutaten

Frische und möglichst unverarbeitete Lebensmittel enthalten wertvolle Vitalstoffe und ihr bereitet daraus im Thermomix® rasch leckere, gesunde Gerichte zu.

Unsere Rezepte bestehen aus vollwertigen Zutaten, guten Fetten und wichtigem Eiweiß. So werdet ihr satt, zufrieden und gesünder.

FIT

Viele von uns kennen das: Nach einem langen Tag am Schreibtisch fällt es schwer, sich noch einmal aufzuraffen, um ins Fitnessstudio zu gehen. Doch das lange Sitzen tut nicht gut. Expert*innen empfehlen etwa 10.000 Schritte am Tag, also ca. 7 Kilometer, um fit und gesund zu bleiben. Denn regelmäßige Bewegung tut gut, ihr werdet es merken. Ihr kurbelt die Verbrennung an, baut Muskeln auf und fühlt euch ausgeglichener. Was könnt ihr in eurem Alltag integrieren? Wie wäre es mit:

- Treppen statt Aufzug
- Rad statt Auto
- Liegestützen, während der Thermomix® kocht
- Spaziergang statt Couch am Wochenende
- Kniebeugen beim Zähneputzen
- weit entfernten Parkplatz wählen

Auch Gartenarbeit, Putzen oder das Toben mit den Kids tun gut – alles zählt. Vielleicht lernt ihr sogar eine neue Sportart kennen und lieben? Noch mehr Tipps gibt es auf Seite 88.

Mit Leichtigkeit zum Wunschgewicht!

SCHLANK

Mit einer ausgewogenen Ernährung und regelmäßiger Bewegung werden die Pfunde von ganz allein schmelzen.

Auf den Bauch hören

Wichtig bei eurer Umstellung ist: Hört auf euren Bauch! Findet euer eigenes Maß und geht es langsam an. Ihr werdet sehen, schon bald werdet ihr euch besser, fitter und gesünder fühlen.

TRINKT VIEL

Wasser ist immer erlaubt. Davon könnt ihr trinken, so viel ihr mögt. Für mehr Abwechslung sorgt Infused Water: Wasser in eine Karaffe füllen und mit frischen Kräutern wie z. B. Minze, Zitronen- oder Ingwerscheiben sowie Früchten aromatisieren – lecker!

ZEIT NUTZEN

Lasst den Thermomix® das Kochen übernehmen! In der Zwischenzeit könnt ihr andere Dinge erledigen, wie z. B. die Sporttasche fürs Training packen oder ein paar Kniebeugen machen.

HAPPY

Findet Lebensmittel, die euch auch ohne viel Zucker glücklich machen. Gerade bei Stress solltet ihr immer ein gesundes Happy-Food-Rezept parat haben. Wie wäre es mit Mandelmus auf Obst?

NICHT HUNGERN

Es klingt verrückt, aber achtet darauf, genug zu essen, auch wenn ihr abnehmen wollt. Denn befindet sich euer Körper in einem zu großen Energiedefizit, stellt sich der Stoffwechsel darauf ein und verbrennt tatsächlich weniger Kalorien und dafür vorrangig Muskelmasse anstelle des überflüssigen Depotfetts.

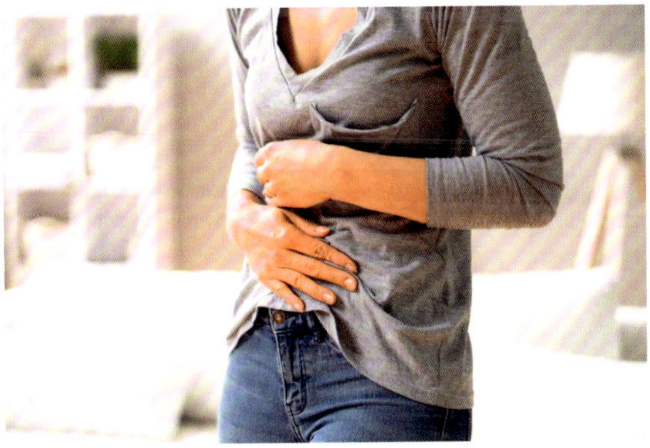

MACHT MANDELMUS SELBST

Toll als leckeres und gesundes Topping auf Obst oder als natürlich süßer Brotaufstrich! Für 2 Gläser à 250 ml: 400 g blanchierte Mandeln in den geben und **1 Min. | Stufe 10** zerkleinern. Mit dem nach unten schieben und 30 Min. pausieren. Die Wartezeit ist wichtig, damit die Masse gut abkühlen und das Mandelöl austreten kann. So wird das Mus cremig. Danach **1 Min. | Stufe 6** mixen. Erneut mit dem nach unten schieben und 30 Min. pausieren. 1 EL Avocadoöl und 1 Prise Salz zugeben und ein letztes Mal **1 Min. | Stufe 6** mixen. Das Mus in saubere Schraubgläser füllen und luftdicht verschließen. Kühl und dunkel gelagert hält es mehrere Monate.

Pro Portion (30 g): 185 kcal | 7 g E | 16 g F | 5 g KH

momix
VORWERK

SATTMACHER FRÜHSTÜCK

Das macht gute Laune: Mit diesen Rezepten startet ihr abwechslungsreich und gut gestärkt in den Tag

BOUNTY-BOWL

LOW CARB LOW FAT

PRO PORTION: 472 KCAL | 31 G E | 28 G F | 24 G KH

15 Min.

Zutaten für 4 Personen

- 1000 g Skyr
- 60 g Kokosraspel
- 100 g Erythrit
- 100 g Zartbitterschokolade, in Stücken
- 1 EL Kokosöl
- 3 EL Kokoschips zum Garnieren

Außerdem

- 4 Kokosnusshälften (optional)

1 | Den Skyr mit 40 g Kokosraspel und Erythrit in den geben und **20 Sek. | | Stufe 3,5** verrühren. Die Creme auf 4 Kokosnusshälften oder Schälchen verteilen. Den spülen.

2 | Schokolade in den geben und **5 Sek. | Stufe 7** zerkleinern. Mit dem nach unten schieben. Kokosöl zufügen und **4 Min. | 50 °C | Stufe 2** schmelzen.

3 | Creme mit der Schokosoße begießen und kalt stellen oder direkt servieren. Mit restlichen Kokosraspeln und -chips garnieren.

>COCONUT LOVE Die erfrischende Kokoscreme stellen wir aus proteinreichem Skyr und Kokosraspeln her. Für ein seidiges Schokotopping schmelzen wir hochwertige Bitterschokolade mit wertvollem Kokosöl.

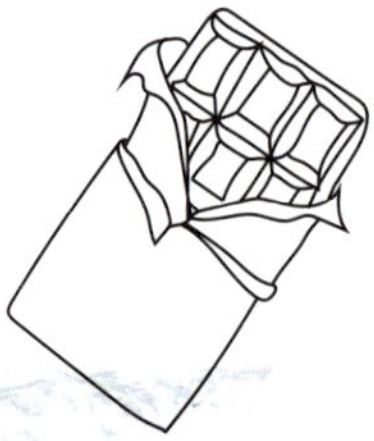

PRO PORTION: 575 KCAL | 16 G E | 21 G F | 80 G KH

- **45 Min.**
- **Zutaten für 4 Personen**

- 60 g Haselnüsse
- 20 g brauner Zucker
- 200 g Traubensaft
- 400 g Pflaumen, geviertelt (alternativ aus dem Glas)
- 1 TL selbst gemachter Vanillezucker
- 1 TL gemahlener Zimt
- 1 EL Stärke
- 30 g Wasser
- 250 g Buchweizenmehl
- 2 Eier
- 350 g Milch
- 1 Prise Salz
- 2 EL Rapsöl

BUCHWEIZENGALETTES MIT PFLAUMENKOMPOTT

1 | Haselnüsse in den geben und **2 Sek. | Stufe 5** zerkleinern, umfüllen. Zucker mit Traubensaft in den geben und ohne Messbecher **5 Min. | 120 °C | Stufe 2** aufkochen, dabei den Garkorb als Spritzschutz aufstellen.

2 | Pflaumen, Vanillezucker sowie Zimt zufügen und ohne Messbecher **20 Min. | 90 °C | Stufe 1** köcheln lassen, dabei den Garkorb erneut als Spritzschutz auf den Deckel des stellen. Stärke mit Wasser anrühren und zum Kompott geben, dann **2 Min. | 100 °C | |** **Stufe 1** aufkochen, umfüllen. Den spülen.

3 | Mehl, Eier, Milch sowie Salz in den geben und **20 Sek. | Stufe 4** zu einem Teig vermengen. Öl in einer Pfanne erhitzen und den Galette-Teig portionsweise darin dünn ausbacken. Galettes mit Pflaumenkompott und gehackten Haselnüssen anrichten.

PORRIDGE MIT WALDBEERGRÜTZE

1 | Für die Grütze 100 g Beeren, Wasser, Johannisbrotkernmehl und Erythrit in den Mixtopf geben, **10 Sek. | Stufe 4** zerkleinern. Dann ohne Messbecher **4 Min. | 100 °C | Linkslauf | Stufe 3** aufkochen, dabei den Garkorb als Spritzschutz aufstellen. Die restlichen Beeren zufügen und **15 Sek. | Linkslauf | Stufe 2** verrühren. In eine separate Schüssel umfüllen und abkühlen lassen. Den Mixtopf spülen.

2 | Für das Porridge 150 g Mandeln in den Mixtopf geben und **10 Sek. | Stufe 7** mahlen. Haferkleie, Leinsamen, Flohsamenschalen, Zimt, Milch sowie Öl zufügen und **5 Min. | 100 °C | Linkslauf | Stufe 2** kochen, dabei erneut den Garkorb als Spritzschutz aufstellen.

3 | Das Porridge nach Belieben mit der Grütze und Kakaonibs garnieren und noch warm servieren.

>**POWER-FRÜHSTÜCK** Das Porridge liefert euch eine Menge wertvolle Ballaststoffe aus Mandeln, Kleie, Leinsamen und Flohsamenschalen. Es ist somit ein gesundes Frühstück, das lange satt hält und so vor Heißhunger schützt. Beide Komponenten – Porridge und Grütze – könnt ihr auch am Abend vorbereiten, in Schraubgläser abfüllen und dann am nächsten Tag gekühlt mit ins Büro nehmen.

>**SEIDIG** Die seidige Konsistenz erhält die Grütze durch etwas Wasser und Johannisbrotkernmehl, das wie Stärke das Wasser bindet.

LOW CARB LOW FAT

PRO PORTION: 486 KCAL | 18 G E | 35 G F | 31 G KH

25 Min.

Zutaten für 4 Personen

- 150 g gemischte Waldbeeren
- 60 g Wasser
- ¼ TL Johannisbrotkernmehl
- 1 TL Erythrit
- 150 g Mandeln
- 40 g Haferkleie
- 40 g Leinsamen, geschrotet
- 20 g Flohsamenschalen
- 1 TL gemahlener Zimt
- 500 g Milch
- 1½ EL Kokosöl
- 4 TL Kakaonibs zum Garnieren

thermomix

HAFER-FRÜHSTÜCKSMUFFINS MIT CRANBERRYS UND KÜRBISKERNEN

LOW CARB LOW FAT

PRO STÜCK: 185 KCAL | 5 G E | 9 G F | 22 G KH

40 Min. zzgl. 15 Min. Ruhezeit

Zutaten für 12 Stück

- 250 g kernige Haferflocken
- 2 reife Bananen
- 250 g Buttermilch
- 80 g Rapsöl zzgl. etwas mehr zum Fetten der Form
- 2 TL Backpulver
- 1 TL gemahlener Zimt
- 30 g getrocknete Cranberrys oder Rosinen
- 10 g Leinsamen
- 20 g Kürbiskerne zzgl. etwas mehr zum Garnieren

Außerdem

- 12er-Muffinblech

1 | Den Backofen auf 200 °C Ober-/Unterhitze vorheizen. Haferflocken in den geben, **7 Sek. | Stufe 8** zerkleinern und umfüllen. Die Bananen mit Buttermilch sowie Öl in den geben und **10 Sek. | Stufe 7** pürieren.

2 | Haferflocken, Backpulver, Zimt, Cranberrys, Leinsamen sowie Kürbiskerne zufügen und **20 Sek. | | Stufe 2** zu einem geschmeidigen Teig vermengen.

3 | Ein Muffinblech großzügig fetten, den Teig einfüllen, mit einigen Kürbiskernen garnieren und 30 Min. im Ofen backen. Anschließend mindestens 15 Min. abkühlen lassen.

LEINSAMEN

Der Großteil unseres Immunsystems befindet sich im Darm, eine gute Darmgesundheit ist also wichtig für eine starke Abwehr. Leinsamen helfen mit ihrem hohen Ballaststoffgehalt dabei, den Magen-Darm-Trakt gesund zu halten.

QUARKAUFLAUF MIT BEEREN

PRO PORTION: 358 KCAL | 42 G E | 8 G F | 22 G KH

1 Std. 20 Min.
Zutaten für 4 Personen

- 4 Eier
- 1000 g Magerquark
- 2 Pck. Vanillepuddingpulver
- 500 g Mandeldrink
- 300 g gemischte Beeren

Den Backofen auf 160 °C Ober-/Unterhitze vorheizen. Den Rühraufsatz in den einsetzen. Eier im **2 Min. | Stufe 4** schaumig schlagen. Den Rühraufsatz herausnehmen, Magerquark, Vanillepuddingpulver sowie Mandeldrink zufügen und weitere **3 Min. | Stufe 3,5** zu einer cremigen Masse verrühren. Quarkmasse in eine Auflaufform gießen mit Beeren bestreuen und im heißen Ofen im unteren Ofendrittel etwa 50–60 Min. backen. Auflauf abkühlen lassen und servieren.

>SÜSSES FRÜHSTÜCK Manchmal muss es einfach etwas Süßes sein. Der Quarkauflauf besteht aus nur 5 Zutaten, kommt ohne Zucker oder kohlenhydrathaltige Lebensmittel aus und liefert mit Quark und Beeren reichlich Vitamine und Proteine.

Mit nur 5 Zutaten

LOW-CARB-BAGUETTE

1 | Den Backofen auf 180 °C Ober-/Unterhitze vorheizen. Ein Backblech mit Backpapier belegen. Alle Zutaten in den geben und **1 Min.** | verkneten.

2 | Den Teig in Form eines Baguettes bringen. Mit Wasser bestreichen und im heißen Ofen 30 Min. backen. Auskühlen lassen und nach Belieben servieren.

>DAS BESTE AM LOW-CARB-BAGUETTE Der Quark-Öl-Teig ist fix zubereitet und lässt sich einfach formen. Wir nehmen zum Bearbeiten und Einschneiden des Teigs gerne die ZauberCard (www.zaubertopf-shop.de) zu Hilfe. Ihr braucht den Teig vor dem Backen nicht ruhen zu lassen, er kann sofort in den Ofen.

LOW CARB LOW FAT

PRO SCHEIBE: 134 KCAL | 12 G E | 8 G F | 6 G KH

40 Min.

Zutaten für 1 Baguette à 16 Scheiben

- 160 g Leinsamenmehl
- 30 g Flohsamenschalen
- 4 Eier
- 2 EL natives Olivenöl extra
- 500 g Quark
- 160 g Mandelmehl
- 1 TL Backpulver
- 1 TL Salz

MANDELMEHL

Es ist nicht dasselbe wie gemahlene Mandeln. Für das Mehl werden gemahlene Mandeln in einem aufwendigen Verfahren entölt. Neben Vitaminen kann es mit Zink, Eisen, Magnesium und jeder Menge Eiweiß punkten. Es bindet viel Flüssigkeit, daher könnt ihr mehr Ei, Wasser oder Milch zum Teig geben.

ENGLISCHES FRÜHSTÜCKSOMELETT

LOW CARB LOW FAT

PRO PORTION: 505 KCAL | 34 G E | 38 G F | 6 G KH

35 Min.

Zutaten für 4 Personen

- 60 g Parmesan, in Stücken
- 6 Eier
- Salz
- frisch gemahlener schwarzer Pfeffer
- 3 Frühlingszwiebeln, in Ringen
- 150 g Schinkenwürfel
- 300 g Kirschtomaten, halbiert
- 10 g natives Olivenöl extra zzgl. etwas mehr zum Braten
- 1 TL getrockneter Oregano
- 500 g Wasser
- 8 kleine Bratwürstchen (z. B. Nürnberger)

1 | Den Einlegeboden mit angefeuchtetem Backpapier auslegen, dabei darauf achten, dass ein Rand entsteht und die oberen Dampfschlitze frei bleiben.

2 | Parmesan im Mixtopf **10 Sek. | Stufe 8** zerkleinern und mit dem Spatel nach unten schieben. Eier, ½ TL Salz sowie ¼ TL Pfeffer zugeben und **15 Sek. | Stufe 4** verquirlen.

3 | Frühlingszwiebeln und Schinkenwürfel zufügen, **10 Sek. | Linkslauf | Stufe 3** verrühren. Die halbierten Tomaten im Varoma® verteilen, mit etwas Olivenöl beträufeln, mit je 3 Prisen Salz und Pfeffer sowie 1 TL Oregano würzen. Einlegeboden in den Varoma® einsetzen und die Eier-Mischung auf das Backpapier gießen. Wasser in den Mixtopf füllen, den Varoma® vorsichtig aufsetzen und **25 Min. | Varoma® | Stufe 1** garen.

4 | Währenddessen 1 EL Öl in einer Pfanne erhitzen und die Bratwürste darin rundherum goldbraun anbraten.

5 | Omelett in 4 Stücke schneiden, mit je 2 Würstchen sowie Tomaten anrichten und servieren.

LOW CARB LOW FAT

PRO PORTION: 349 KCAL | 24 G E | 27 G F | 3 G KH

35 Min.

Zutaten für 4 Personen

- 3 Eier, getrennt
- ½ TL Backpulver
- Salz
- 170 g Frischkäse
- 50 g saure Sahne
- 1½ TL Sahnemeerrettich (Glas)
- 1 TL Zitronensaft
- frisch gemahlener schwarzer Pfeffer
- 1 Beet Kresse
- 8 Scheiben Räucherlachs

CLOUD BREAD MIT LACHS

1 | Backofen auf 180 °C Ober-/Unterhitze vorheizen. Ein Backblech mit Backpapier auslegen.

2 | Den Rühraufsatz in den einsetzen. Eiweiße im **3 Min. | Stufe 4** steif schlagen, dabei Backpulver sowie 1 Prise Salz durch die Deckelöffnung einrieseln lassen. Den Rühraufsatz entnehmen und den Eischnee in eine Schüssel umfüllen.

3 | 70 g Frischkäse mit Eigelben in den geben, **1 Min. | Stufe 3,5** glatt rühren. Eischnee vorsichtig mit dem unterheben. Mit etwas Abstand 8 Teigfladen auf das Backblech geben und im heißen Ofen etwa 13 Min. backen. Den spülen.

4 | Restlichen Frischkäse, saure Sahne, Meerrettich, Zitronensaft, ½ TL Salz, ¼ TL Pfeffer sowie die Hälfte der Kresse in den geben und **30 Sek. | Stufe 3** verrühren.

5 | Die Cloud Breads aus dem Backofen nehmen und etwas abkühlen lassen. 4 Brötchen mit der Creme bestreichen, mit je 2 Scheiben Lachs belegen und mit der übrigen Kresse bestreuen. Ein weiteres Cloud Bread als Deckel auflegen und die Sandwiches servieren.

thermomix
00:00
0

Extra-Wissen

ABNEHMCOACH

Ernährungsexpertin Charlotte verrät euch ihre zehn Top-Tipps, um am Ball zu bleiben

1 Den richtigen Zeitpunkt wählen

Abnehmen fällt leichter, wenn ihr entspannt seid und euch Zeit für euch nehmen könnt. An Tagen mit vielen Terminen und beruflichem oder familiärem Stress ist es in der Regel schwerer, sich gesund und ausgewogen zu ernähren. Legt euren Abnehm-Start deshalb am besten auf das Wochenende, zum Beispiel auf einen ruhigen Sonntag.

2 Ziele festlegen

Wie viele Kilos sollen purzeln? Konkrete Ziele zu definieren hilft euch, leichter durchzuhalten. Lasst euch auf eurem Weg nicht von kleinen Rückschlägen entmutigen. Blickt auf das zurück, was ihr bereits geschafft habt, und behaltet das große Ziel im Auge!

3 Mahlzeiten planen

Sortiert euren Kühlschrank und verabschiedet euch von Fett- und Zuckerfallen wie Wurst, gekaufter Marmelade, Mayonnaise & Co. und setzt dafür auf gesunde Lebensmittel (siehe Seite 143). Wenn ihr vollwertige Snacks und Mahlzeiten selbst macht und vorbereitet, kommt ihr gar nicht erst in Versuchung, zu Süßigkeiten, Fast Food oder Fertiggerichten zu greifen. So spart ihr Kalorien und auch das schlechte Gewissen hinterher. Euer Thermomix® ist der beste Helfer dabei! Extratipp: Seid ihr zu einer Party eingeladen, bringt ein paar gesunde Leckereien mit – das freut auch die Gastgeber!

4 Genug trinken

Oft können wir Durst nicht von Hunger unterscheiden. Wenn es im Bauch grummelt, trinkt erst einmal ein großes Glas Wasser oder ungesüßten Tee. Habt ihr dann noch Appetit, braucht ihr etwas zu essen. Trinkt am besten 2 Liter kalorienfreie Getränke pro Tag, das unterstützt euren Stoffwechsel.

5 Gemeinsam sind wir stark

Sucht euch am besten eine andere Person, die ebenfalls gesünder leben möchte. Haltet euch gegenseitig über eure Erfolge auf dem Laufenden, das motiviert und ihr bleibt gemeinsam leichter am Ball!

6 Sichtweise ändern

Denkt nicht zu viel an Verbote! Nur mit einer gesunden Balance aus Genuss und Kontrolle werdet ihr euer Wohlfühlgewicht erreichen. Euer Mindset ist entscheidend und könnte so lauten: „Ich will gesünder und glücklicher leben. Denn das habe ich verdient." Denkt ihr stattdessen zu viel an alles, was ihr euch verbietet, verliert ihr schnell die Motivation.

7 Tagebuch führen

Es gibt viele Gründe, warum es mit dem Abnehmen manchmal nicht klappt. Viele von uns sind emotionale Esser und kompensieren negative Gefühle mit Essen. Je öfter das passiert, desto schwerer fällt es, das antrainierte Essverhalten zu ändern. Ein Ernährungs-Tagebuch kann euch nicht nur dabei helfen, versteckte Kalorienfallen aufzudecken, sondern auch zu erkennen, wie sich Stress, Hormone und Gefühle auf euer Gewicht auswirken – damit ihr künftig gegensteuern könnt!

8 Bewegung

Ihr braucht nicht zur Sportskanone werden! Baut aber in jeden Tag Bewegung ein: Fahrt mit dem Fahrrad und nicht mit dem Bus. Oder steigt einfach eine Haltestelle früher aus. Nehmt die Treppe anstelle des Aufzugs und geht abends noch eine Runde spazieren, statt fernzusehen. Oder macht eine kleine Sportübung, während der Thermomix® das Mittagessen zubereitet!

9 Schlaf dich schlank

Klingt verrückt, ist aber so: Ausreichend Erholung und vor allem gesunder Schlaf sind zum Abnehmen genauso wichtig wie Bewegung. Pro Nacht sind 6 bis 8 Stunden Schlaf empfehlenswert. Im Tiefschlaf schüttet euer Körper das Hormon Leptin aus, das die Fettverbrennung ankurbelt.

10 Schummeln erlaubt

Die wenigsten halten eine Ernährungsumstellung durch, ohne in Versuchung zu kommen. Das ist nur menschlich und kein Grund, eure Ziele abzuschreiben! Besser, ihr seid aufs Schummeln vorbereitet. Manchmal reicht statt eines ganzen „Cheat-Days" auch schon eine einzelne „Cheat-Mahlzeit" und ihr könnt danach mit eurer bewussten Ernährung weitermachen.

max
thermomix
VORWERK
00:00

°C
0

FRISCHE SALATE

Unsere unkomplizierten Feelgood-Salate sorgen für jede Menge Abwechslung und Genuss auf dem Teller

SCHNELLER GURKENSALAT MIT DILL

LOW CARB LOW FAT

PRO PORTION: 210 KCAL | 7 G E | 19 G F | 3 G KH

15 Min.

Zutaten für 4 Personen

- 2 rote Zwiebeln, halbiert
- Spitzen von 4 Stielen Dill zzgl. etwas mehr zum Garnieren
- 20 g Weißweinessig
- 40 g natives Olivenöl extra
- ½ TL Salz
- ¼ TL frisch gemahlener schwarzer Pfeffer
- 2 Prisen Zucker
- 2 Salatgurken, zu langen Streifen gedreht (siehe Tipp)
- 150 g Feta, zerbröselt

1 | Zwiebeln mit Dill in den geben, **5 Sek. | Stufe 7** zerkleinern und mit dem nach unten schieben. Essig, Öl, Salz, Pfeffer und Zucker in den geben und **20 Sek. | Stufe 4** vermischen.

2 | Gurkenstreifen und Feta in eine Salatschüssel füllen, das Dressing darübergeben und gut vermischen. 10 Min. durchziehen lassen, dann mit etwas Dill bestreut servieren.

>TIPP Für die Gurkenstreifen könnt ihr die Gurke der Länge nach mit einem Sparschäler in dünne Streifen schälen und diese nochmals schmaler schneiden. Oder ihr verwendet einen Spiralschneider. Diverse Modelle findet ihr unter www.zaubertopf-shop.de.

Ruck, zuck fertig!

LOW CARB LOW FAT

PRO PORTION: 230 KCAL | 16 G E | 17 G F | 4 G KH

35 Min.

Zutaten für 4 Personen

- 500 g Wasser
- 8 Eier
- 120 g saure Sahne
- 3 TL Dijonsenf
- 1½ EL Weißweinessig
- 2 TL Zitronensaft
- 1 TL Salz
- 3 Prisen frisch gemahlener schwarzer Pfeffer
- 3 EL Schnittlauchröllchen zum Garnieren

EIERSALAT OHNE MAYONNAISE

1 | Das Wasser in den füllen. Den Garkorb einhängen, die Eier hineingeben und ohne Messbecher **25 Min. | Varoma® | Stufe 1** garen. Dabei den Varoma® geschlossen auf den Deckel vom stellen.

2 | Garkorb mithilfe des entnehmen und die Eier unter kaltem Wasser abschrecken. Pellen und in Würfel schneiden.

3 | Saure Sahne, Senf, Essig, Zitronensaft, Salz sowie Pfeffer in einer Schüssel glatt rühren und die Eier vorsichtig unterheben. Den Eiersalat mit Schnittlauch garnieren und servieren.

zum Video

Auf den Punkt Wollt ihr perfekte wachsweiche oder hart gekochte Eier servieren, überlasst es dem Thermomix®. Alle Tricks und Minutenangaben erfahrt ihr in dieser Folge

WIRSINGSALAT MIT GARNELEN

1 | Den Wirsing in zwei Portionen in den geben und jeweils **5 Sek. | Stufe 4** zerkleinern. In eine große Schüssel umfüllen, mit 1 TL Salz würzen und ca. 20 Min. ziehen lassen.

2 | Inzwischen die Walnüsse in den geben, **3 Sek. | Stufe 5** grob zerkleinern. Anschließend ohne Zugabe von Fett in einer Pfanne anrösten. Zwiebeln in den geben und **5 Sek. | Stufe 5** zerkleinern. Mit dem nach unten schieben. Olivenöl, Garnelen sowie Kumquats zufügen, ohne Messbecher **5 Min. | 120 °C | |** mitdünsten. Nach 3 Min. je 1 Prise Salz und Pfeffer, Senf, Honig und Essig hinzufügen.

3 | Den Wirsing mit Granatapfelkernen, Orangen- und Grapefruitstückchen anrichten, die Garnelen mit Dressing sowie die Walnüsse darübergeben und den Salat servieren.

PRO PORTION: 432 KCAL | 23 G E | 24 G F | 32 G KH

25 Min.

Zutaten für 6 Personen

- 800 g Wirsing, in groben Stücken
- Salz
- 100 g Walnüsse
- 2 rote Zwiebeln, halbiert
- 60 g natives Olivenöl extra
- 400 g Garnelen, küchenfertig
- 100 g Kumquats, in Scheiben
- frisch gemahlener schwarzer Pfeffer
- 40 g mittelscharfer Senf
- 40 g Honig
- 40 g heller Balsamicoessig
- 150 g Granatapfelkerne
- 1 Orange, in Stücken
- 1 Grapefruit, in Stücken

KRAUSER WIRSING

Warum er in der leichten Küche nicht fehlen darf? Er punktet mit weniger als 30 kcal auf 100 g, seine Bitter- und Ballaststoffe regen die Verdauung an und Vitamin C stärkt das Immunsystem.

LINSENSALAT MIT RUCOLA UND ZIEGENKÄSE

1 | Die Kräuter in den geben, **2 Sek. | Turbo** zerkleinern und umfüllen. Wasser sowie ½ TL Kreuzkümmel in den füllen und den Garkorb einsetzen. Die Linsen einwiegen und ohne Messbecher **15 Min. | 100 °C | Stufe 3** garen, dabei den Varoma® geschlossen als Spritzschutz aufsetzen. Linsen umfüllen, abkühlen lassen und den reinigen.

2 | Zitronensaft sowie -abrieb, 40 g Öl, Essig und Kräuter in den geben, **10 Sek. | Stufe 4** vermengen. Das Dressing mit Linsen und Paprika vermengen. Restliche 10 g Öl in einer Pfanne erhitzen, die Ziegenkäsescheiben hineingeben und rundherum goldbraun braten. Mit Honig beträufeln und karamellisieren lassen.

3 | Linsensalat mit Rucola vermengen und mit Ziegenkäsetalern garniert servieren.

PRO PORTION: 530 KCAL | 29 G E | 27 G F | 46 G KH

25 Min.

Zutaten für 4 Personen

- Spitzen von 3 Stielen Dill
- Blättchen von 3 Stielen Petersilie
- 1200 g Wasser
- 1 TL gemahlener Kreuzkümmel
- 250 g rote Linsen
- Saft und Abrieb von ½ unbehandelten Zitrone
- 50 g natives Olivenöl extra
- 1 EL Weißweinessig
- 1 orange Paprikaschote, in mundgerechten Stücken
- 1 rote Paprikaschote, in mundgerechten Stücken
- 1 Rolle Ziegenweichkäse (à 200 g), in Scheiben
- 2 TL Honig
- 150 g Rucola, grob zerzupft

ROTE LINSEN

Sie enthalten jede Menge Eiweiß und bestechen außerdem durch ihre schnelle Kochzeit. Mit ihrem leicht nussigen und aromatisch-würzigen Geschmack eignen sie sich perfekt für Bratlinge, Chili sin Carne oder Linsen-Bolognese.

BLUMENKOHLREIS-SALAT MIT FETA UND CASHEWKERNEN

LOW CARB LOW FAT

PRO PORTION: 378 KCAL | 18 G E | 27 G F | 15 G KH

25 Min.

Zutaten für 4 Personen

- 800 g Blumenkohl, in Röschen
- 500 g Wasser
- 60 g Cashewkerne
- 40 g gemischte Kräuter (z. B. Dill, Minze, Petersilie)
- 1 rote Paprikaschote, in Stücken
- 1 gelbe Paprikaschote, in Stücken
- Abrieb und Saft von 1 unbehandelten Zitrone
- 1 TL Salz
- ¼ TL frisch gemahlener schwarzer Pfeffer
- ½ TL gemahlener Kreuzkümmel
- 40 g natives Olivenöl extra
- 200 g Feta

1 | Den Blumenkohl in zwei Portionen in den geben und nacheinander **5 Sek. | Stufe 5** zerkleinern. Dann in den Varoma® umfüllen. Wasser in den geben und den Blumenkohlreis im verschlossenen Varoma® **15 Min. | Varoma® | Stufe 2** garen. Cashewkerne in einer Pfanne ohne Zugabe von Fett leicht rösten und etwas abkühlen lassen. Den Varoma® vorsichtig abnehmen und den leeren.

2 | Cashews, Kräuter, Paprika, Zitronenabrieb, Salz, Pfeffer sowie Kreuzkümmel in den geben und alles **4 Sek. | Stufe 4,5** zerkleinern. Olivenöl, Zitronensaft und den Blumenkohl zugeben. Mithilfe des vermengen und abschmecken. Auf Tellern anrichten, den Feta fein darüberbröseln und servieren.

BLUMENKOHL

Ob fein geraspelt, roh oder gedünstet: Blumenkohl eignet sich als kohlenhydratarmer Ersatz für Reis oder Couscous, aber auch als Pizzaboden oder Veggie-Schnitzel. Zudem ist er leicht bekömmlich und punktet mit jeder Menge Vitamin C!

PRO PORTION: 496 KCAL | 20 G E | 24 G F | 52 G KH

30 Min.

Zutaten für 4 Personen

- 1400 g Wasser
- 2 TL Gemüse-Gewürzpaste (siehe Seite 76)
- 250 g Risoni-Nudeln
- 4 EL natives Olivenöl extra
- 1 rote Zwiebel, halbiert
- 1 kleine Knoblauchzehe
- 20 g Basilikumblättchen zzgl. etwas mehr zum Garnieren
- 250 g Kirschtomaten, halbiert
- 250 g Mini-Mozzarella
- ½ TL Salz
- 3 Prisen frisch gemahlener schwarzer Pfeffer

RISONISALAT TOMATE-MOZZARELLA

1 | Wasser mit Gewürzpaste in den geben und ohne Messbecher **12 Min. | 100 °C | Stufe 1** erhitzen, dabei den Garkorb als Spritzschutz aufsetzen. Risoni in den geben und **nach Packungsanweisung | 95 °C | | Stufe 1** garen. Risoni durch den Garkorb abgießen, abtropfen lassen und in eine Salatschüssel umfüllen. Olivenöl zufügen und vermengen.

2 | Zwiebel, Knoblauch und Basilikum in den geben, **3 Sek. | Stufe 8** zerkleinern und mit dem nach unten schieben. Anschließend zu den Risoni in die Salatschüssel geben.

3 | Kirschtomaten, Mini-Mozzarella, Salz und Pfeffer zufügen und die Zutaten vermengen. Auf Tellern anrichten, mit Basilikum garnieren und servieren.

>**RISONI** Die kleinen Nudeln erinnern an Reiskörner, daher ihr Name. Die kurze Sorte lässt sich im gut verarbeiten, da sie sich nicht um das Mixmesser wickeln kann.

GUTE FETTE

Was in Fisch alles steckt, warum er euch guttut und worauf ihr beim Kauf achten solltet – außerdem: weitere Quellen von gesunden Fetten

Schonend gegart im Varoma®!

Im Varoma®

Besser geht's nicht: Sowohl ganze Fische als auch Filets könnt ihr im Dampf nährstoff- und aromaschonend garen. So gelingt's perfekt:

Garzeiten bei Einstellung Varoma® | Stufe 2

Im Einlegeboden auf Garpapier oder im Varoma®

Ganzer Fisch, 2 Stück
15–20 Min.
Kerntemperatur: 70 °C mit oder ohne Füllung

Rotes Fischfilet, z. B. Lachs, Thunfisch, Makrele
15–18 Min.
Kerntemperatur: 65 °C

Weißes Fischfilet, z. B. Scholle, Dorsch, Barsch
12–18 Min.
Kerntemperatur: 65 °C

Fisch, in 3–4 cm großen Stücken
12–18 Min.
Kerntemperatur: 65 °C

SORTEN-KNOW-HOW

Fisch spielt bei der Ernährung aufgrund seiner gesunden Omega-Fettsäuren eine wichtige Rolle. Aber welcher ist nun der gesündeste? Die gute Nachricht: Ihr könnt bedenkenlos jede Fischsorte verwenden. Generell gilt: je fetter, desto besser!

FETT
- ★ Aal
- ★ Hering
- ★ Lachs
- ★ Makrele
- ★ Thunfisch

MITTELFETT
- ★ Forelle
- ★ Karpfen
- ★ Rotbarsch
- ★ Sardelle
- ★ Sardine

MAGER
- ★ Alaska-Seelachs
- ★ Flunder
- ★ Hecht
- ★ Kabeljau
- ★ Scholle
- ★ Seezunge

SCHAU MIR IN DIE AUGEN

Um festzustellen, ob ein Fisch frisch ist, schaut ihm in die Augen. Sie sollten klar und nach außen gewölbt sein. Die Schuppen sollten glänzen und ebenfalls klar sein. Bei frischem Fisch sind die Kiemen feucht, glänzend und kräftig rot gefärbt, also gut durchblutet. Und: Frischer Fisch sollte niemals streng nach Fisch riechen, sondern angenehm nach Meer!

Welches sind gute Fette?

Die sogenannten Omega-3-Fettsäuren machen nicht fett, sondern fit. Sie gehören zu den ungesättigten Fetten und tun Herz, Hirn und Muskeln gut. Daher sind Lebensmittel mit dieser Art von Fett besonders bei Sportlern beliebt. Aber auch jeder andere profitiert von ihnen. Es lohnt sich also zu wissen, welche Lebensmittel diese Fettsäuren enthalten. Dazu gehören vor allem fettreiche Fische wie Lachs, Makrele und Hering. Wer 1- bis 2-mal pro Woche einen von ihnen zubereitet, tut sich Gutes. Außerdem lohnt es sich, Lein- oder Rapsöl, Walnüsse, Mandeln, Kürbiskerne und Leinsamen im Haus zu haben und sie zum Kochen zu verwenden, an den Salat zu geben oder sie regelmäßig zu snacken. Avocados und Algen enthalten ebenfalls reichlich gute Fette.

LEICHTE HOLLANDAISE

Für 300 ml Soße: 30 g Joghurtbutter in einem Topf schmelzen lassen. Rühraufsatz einsetzen, 100 g Gemüsefond, 3 Eigelb und ½ TL Senf in den Mixtopf geben **8 Min. | 80 °C | Stufe 4** aufschlagen, dann **3 Min. | 80 °C | Stufe 4** einstellen. Löffelweise 150 g Joghurt (1,5 % Fett) und die Butter durch die Deckelöffnung zufügen. Mit 1–2 TL Zitronensaft, ½ TL Salz und 2 Prisen Pfeffer abschmecken.

thermomix
00:00
°C
0

MIT FISCH

Zart auf den Punkt gegart und wahnsinnig lecker – wir lieben es, frischen Fisch mit unserem Zaubertopf zuzubereiten

LACHS MIT BLATTSPINAT UND GEMÜSESTAMPF

1 | Die Petersilie in den geben, **10 Sek. | Stufe 6** zerkleinern, eventuell zwischendurch mit dem nach unten schieben, dann umfüllen. Das Wasser in den füllen, Gemüsepaste zufügen und den Varoma® aufsetzen. Karotten, Steckrübe und Sellerie im Varoma® verteilen. Den Einlegeboden einsetzen, den gefrorenen Spinat darauf verteilen und den Varoma® mit dem Deckel verschließen. Alles zusammen **20 Min. | Varoma® | Stufe 1** garen.

2 | Inzwischen 3 Prisen Salz, 2 Prisen Pfeffer, Pimentpulver, Chiliflocken, 2 EL Olivenöl, braunen Zucker und Limettensaft in ein Schälchen geben, verrühren. Lachsfilets mit dem Würzöl bestreichen.

3 | Am Ende der Garzeit den Einlegeboden vorsichtig zur Seite stellen. Gemüse kurz durchrühren und den Einlegeboden wieder einsetzen. Spinat mit ½ TL Salz, 2 Prisen Pfeffer, Paprikapulver und Thymian würzen, umrühren und mit dem restlichen Olivenöl beträufeln. Den Lachs auf den Spinat setzen, den Varoma® mit dem Deckel verschließen und alles weitere **20 Min. | Varoma® | Stufe 1** garen.

4 | Den Varoma® vorsichtig abnehmen. Fisch und Spinat warm stellen. Die Garflüssigkeit umfüllen. Butter mit Mehl in den geben und ohne Messbecher **2 Min. | Varoma® | Stufe 1** andünsten. Weißwein, Crème fraîche, ½ TL Salz und 400 g Garflüssigkeit zugeben. Mit dem kurz über den Boden rühren und die Soße **4 Min. | 100 °C | Stufe 2,5** kochen lassen. Die Hälfte der Petersilie mit dem unterrühren und die Soße umfüllen.

5 | Den Rühraufsatz in den einsetzen. Gemüse aus dem Varoma® in den geben. 160 g Soße, restliche Petersilie, ½ TL Salz sowie ¼ TL Pfeffer zufügen und **30 Sek. | Stufe 3** zu Gemüsestampf verrühren. Den Thermomix® dabei eventuell etwas festhalten. Anschließend Gemüsestampf mit Lachs, Blattspinat und übriger Soße servieren.

LOW CARB LOW FAT

PRO PORTION: 424 KCAL | 30 G E | 22 G F | 23 G KH

55 Min.

Zutaten für 4 Personen

- 20 g Petersilienblättchen
- 800 g Wasser
- 2 TL Gemüse-Gewürzpaste (siehe Seite 76)
- 450 g Karotten, in Scheiben
- 450 g Steckrübe, in ca. 1 cm großen Würfeln
- 100 g Sellerie, in Würfeln
- 450 g Blattspinat (TK)
- Salz
- frisch gemahlener schwarzer Pfeffer
- 1 Prise Pimentpulver
- ½ TL Chiliflocken
- 30 g natives Olivenöl extra
- 1 EL brauner Zucker
- 1 EL Limettensaft
- 4 Lachsfilets (à etwa 125 g, TK, aufgetaut)
- ½ TL edelsüßes Paprikapulver
- 1 TL getrockneter Thymian
- 30 g Butter
- 30 g Weizenmehl Type 405
- 2 EL trockener Weißwein
- 30 g Crème fraîche

FISCHSTÄBCHEN MIT GEMÜSEPÜREE

LOW CARB LOW FAT

PRO PORTION: 660 KCAL | 37 G E | 51 G F | 11 G KH

25 Min.

Zutaten für 4 Personen

Für den Salat

- Saft von 1 Zitrone zzgl. einige Zitronenscheiben zum Garnieren
- 60 g natives Olivenöl extra
- 40 g heller Balsamicoessig
- Salz
- frisch gemahlener schwarzer Pfeffer
- 200 g Babyspinat

Für das Püree

- 500 g Wasser
- 400 g Brokkoli, in Röschen
- 70 g Pinienkerne
- 50 g Sahne
- 75 g Frischkäse

Für die Fischstäbchen

- 2 Eier, verquirlt
- 400 g weißes Fischfilet (z. B. Kabeljau), in Streifen
- 30 g Mandelmehl
- 75 g Kokosflocken
- 2 EL Sonnenblumenöl zum Braten

1 | Für den Salat den Zitronensaft, Öl, Essig, je 2 Prisen Salz sowie Pfeffer in den geben und **30 Sek. | | Stufe 3,5** vermengen. Dressing umfüllen, kurz vor dem Servieren mit dem Spinat vermengen.

2 | Für das Püree Wasser in den geben, Varoma® mit Brokkoli aufsetzen und die Zutaten **15 Min. | Varoma® | Stufe 2** dämpfen. Pinienkerne in einer Pfanne ohne Fett anrösten und beiseitestellen.

3 | Für die Fischstäbchen die Eier mit ½ TL Salz sowie 3 Prisen Pfeffer würzen. Fischstreifen mit etwas Salz und Pfeffer würzen. Erst im Mandelmehl, dann in den verquirlten Eiern und zum Schluss in den Kokosflocken wenden. Die Panade gut andrücken. Öl in einer Pfanne erhitzen, die Fischstäbchen darin etwa 7 Min. goldbraun braten, dabei einmal wenden. Auf Küchenpapier abtropfen lassen.

4 | Den Varoma® absetzen und den leeren. Brokkoli kalt abbrausen und abtropfen lassen. Mit 20 g gerösteten Pinienkernen, Sahne, Frischkäse, ½ TL Salz sowie 2 Prisen Pfeffer in den geben und **20 Sek. | Stufe 6** pürieren.

5 | Die Fischstäbchen mit Brokkolipüree und Spinatsalat anrichten, mit den übrigen Pinienkernen sowie einigen Zitronenscheiben garnieren und servieren.

PRO PORTION: 519 KCAL | 39 G E | 38 G F | 5 G KH

- **30 Min.**
- **Zutaten für 2 Personen**

- 8 Eier
- 2 EL Olivenöl
- 3 Frühlingszwiebeln, in Ringen, weißer und grüner Teil getrennt
- 500 g Wasser
- 100 g Räucherlachs, in Streifen
- frisch gemahlener schwarzer Pfeffer

RÜHREI MIT LACHS AUS DEM VAROMA®

1 | Eier, Olivenöl und weiße Frühlingszwiebelringe im **6 Sek. | Stufe 6** vermengen. Den Einlegeboden mit einem passgenauen, angefeuchteten Stück Backpapier auslegen und die Eimasse hineingießen. Das Wasser in den füllen, den Varoma® mit Einlegeboden geschlossen aufsetzen und die Eiermischung **25 Min. | Varoma® | Stufe 1** stocken lassen.

2 | Varoma® absetzen, die Eimasse mit zwei Gabeln zu Rührei „zerzupfen" und mit dem Räucherlachs und den grünen Frühlingszwiebelringen vermengen. Mit Pfeffer übermahlen und in eine Schale füllen oder direkt im Varoma® servieren.

EINFACH GUT

Frische Eier, aromatischer Lachs und knackige Frühlingszwiebeln – mehr braucht's nicht für dieses Rührei vom Feinsten. Das Rezept genügt für zwei Personen. Serviert ihr das Rührei auf gebuttertem Vollkorn- oder Schwarzbrot, reicht's auch für bis zu vier Genießer!

LACHSFRIKADELLEN MIT SPARGEL

PRO PORTION: 488 KCAL | 32 G E | 33 G F | 16 G KH

1 Std. 10 Min.

Zutaten für 4 Personen

- 1 altbackenes Brötchen, in Stücken
- 1 Knoblauchzehe
- 500 g Lachsfilet, in Stücken
- 2 Eier
- 1 EL Zitronensaft
- 2 TL Sahnemeerrettich
- 20 g Dillspitzen
- Salz
- frisch gemahlener schwarzer Pfeffer
- etwas Butter zum Fetten
- 500 g Wasser
- 1 TL Gemüse-Gewürzpaste (siehe Seite 76)
- 400 g grüner Spargel, in etwa 4 cm großen Stücken
- 50 g Crème fraîche
- 20 g Honig
- 30 g mittelscharfer Senf

1 | Brötchen in den geben und **10 Sek. | Stufe 8** zerkleinern, umfüllen. Knoblauch in den geben und **2 Sek. | Turbo** zerkleinern. Mit dem nach unten schieben. Das zerkleinerte Brötchen, Lachsfilet, Eier, Zitronensaft, Meerrettich, ¼ des Dills sowie 1 TL Salz und 4 Prisen Pfeffer in den geben, **20 Sek. | Stufe 4** vermengen.

2 | Den Einlegeboden mit Butter fetten. Aus der Fischmasse kleine Frikadellen formen und auf den Einlegeboden legen. reinigen und das Wasser mit Gewürzpaste einfüllen. Varoma® mit Einlegeboden aufsetzen, mit dem Deckel verschließen, **15 Min. | Varoma® | Stufe 1** garen. Dann den Spargel im Varoma® verteilen, Einlegeboden erneut einsetzen und weitere **10 Min. | Varoma® | Stufe 2** garen.

3 | Den Varoma® abnehmen, den Einlegeboden zur Seite stellen. Den Spargel unter kaltem Wasser abschrecken. Den leeren, spülen und trocknen. Restlichen Dill in den geben und **3 Sek. | Stufe 8** zerkleinern. Mit dem nach unten schieben. Crème fraîche, Honig, Senf, ½ TL Salz und 2 Prisen Pfeffer zufügen, **10 Sek. | Stufe 2,5** verrühren. Die Lachsfrikadellen mit Spargel sowie Dillsoße anrichten und servieren.

LACHS

0 g KH, 20 g E und 200 kcal pro 100 g: Lachs ist perfekt für alle, die auf ihr Gewicht achten wollen. Mit seinem hohen Proteingehalt unterstützt der Fisch unter anderem den Muskelaufbau und einen gut funktionierenden Stoffwechsel.

KABELJAU MIT GEMÜSE UND KRÄUTERSOßE

LOW CARB LOW FAT

PRO PORTION: 395 KCAL | 9 G E | 22 G F | 12 G KH

40 Min.

Zutaten für 4 Personen

- 40 g Petersilienblättchen
- 600 g Blumenkohl, in Röschen
- 300 g Fenchel, geviertelt und in dünne Scheiben geschnitten
- Salz
- 1 unbehandelte Zitrone, in Scheiben
- 1 Handvoll Thymianzweige
- 4 Kabeljau-Rückenfilets (à ca. 125 g)
- frisch gemahlener schwarzer Pfeffer
- 150 g trockener Weißwein
- 350 g Wasser
- 1 Lorbeerblatt
- 70 g Kirschtomaten
- 1 Zwiebel, halbiert
- 5 Pfefferkörner
- 1 TL Gemüse-Gewürzpaste (siehe Seite 76)
- 25 g Butter
- 20 g Weizenmehl Type 405
- 200 g Sahne
- 1 Prise Zucker

1 | Petersilie in den Mixtopf geben, **4 Sek. | Stufe 7** zerkleinern und umfüllen. Blumenkohl und Fenchel im Varoma® verteilen und mit ½ TL Salz würzen. Den Einlegeboden so mit Backpapier auslegen, dass die Dampfschlitze frei bleiben.

2 | Zitronenscheiben auf dem Boden verteilen. 2 Zweige Thymian zur Seite legen, die restlichen Zweige auf den Zitronenscheiben verteilen. Fisch mit ½ TL Salz und 2 Prisen Pfeffer würzen und auf das Zitronen-Thymian-Bett legen. Varoma® mit dem Deckel verschließen.

3 | Weißwein, Wasser, Lorbeerblatt, Tomaten, Zwiebel, Pfefferkörner und Gemüse-Gewürzpaste in den Mixtopf geben. Den Varoma® aufsetzen und die Fischfilets **20–25 Min. | Varoma® | Stufe 1** garen.

4 | Den Varoma® vorsichtig zur Seite stellen. Fond durch ein Sieb gießen und auffangen. Butter mit Mehl in den Mixtopf geben und **2 Min. | 100 °C | Stufe 1** andünsten. 200 g Fond, Sahne, Zucker, ¼–½ TL Salz sowie ¼ TL Pfeffer zufügen, ohne Messbecher **6 Min. | 100 °C | Stufe 2** aufkochen. Petersilie und Blättchen vom restlichen Thymian in die Soße geben. Fischfilets mit Gemüse und Soße servieren.

Zart gedämpfter Fisch

LOW CARB LOW FAT

PRO PORTION: 734 KCAL | 56 G E | 54 G F | 5 G KH

55 Min.

Zutaten für 4 Personen

- 1 EL Rapsöl
  zzgl. etwas mehr zum Fetten
- 2 Zwiebeln, halbiert
- 800 g Blattspinat
- 4 Eier
- 2 Prisen frisch geriebene Muskatnuss
- 2 TL Salz
- 4 Prisen frisch gemahlener
  schwarzer Pfeffer
- 250 g Quark
- 100 g Sahne
- 560 g Thunfisch (Dose), abgetropft
- 100 g Feta, zerbröselt
- 60 g Gratinkäse

Außerdem

- Auflaufform (ca. 30 × 22 cm)

THUNFISCH-SPINAT-AUFLAUF

1 | Backofen auf 200 °C Ober-/Unterhitze vorheizen. Auflaufform mit Öl fetten. Zwiebeln in den geben und **5 Sek. | Stufe 5** zerkleinern. Mit dem nach unten schieben. Öl sowie Blattspinat zugeben und den Spinat mithilfe des im verteilen. Ohne Messbecher **6 Min. | 100 °C | | Stufe 2** andünsten.

2 | Eier, Muskat, Salz, Pfeffer, Quark sowie Sahne zufügen und **15 Sek. | Stufe 4** vermengen. Den Thunfisch mithilfe des unter die Masse mischen.

3 | Thunfisch-Spinat-Masse in der Auflaufform verteilen, Feta und Gratinkäse darüberstreuen und den Auflauf 45 Min. im heißen Ofen backen. Portionsweise auf Teller verteilen und servieren.

SPINATROLLE MIT LACHS

1 | Den Backofen auf 200 °C Ober-/Unterhitze vorheizen. Ein Backblech mit Backpapier auslegen. Den Gouda in den geben, **10 Sek. | Stufe 8** zerkleinern und umfüllen.

2 | Den Knoblauch im **2 Sek. | Turbo** zerkleinern. Mit dem nach unten schieben. Das Olivenöl mit der Hälfte vom Spinat in den geben und ohne Messbecher **10 Min. | 120 °C | | Stufe 2** dünsten. Nach und nach den übrigen Spinat durch die Deckelöffnung zufügen, dabei mit dem nachhelfen. Umfüllen, kalt ausspülen.

3 | Die Eier in den geben und **1 Min. | Stufe 4** aufschlagen. Den Spinat, den zerkleinerten Käse, das Mehl sowie je ½ TL Salz und Pfeffer zufügen. Die Masse **30 Sek. | Stufe 4** vermengen und auf dem Backblech rechteckig verstreichen. Im heißen Ofen ca. 15 Min. backen. Inzwischen den spülen.

4 | Die Kräuter in den geben, **3 Sek. | Stufe 8** zerkleinern und mit dem nach unten schieben. Frischkäse, Zitronensaft, je 1 Prise Salz sowie Pfeffer zugeben und **20 Sek. | Stufe 2** vermengen.

5 | Die Spinatplatte aus dem Ofen nehmen und abkühlen lassen. Mit Frischkäse bestreichen und mit dem Räucherlachs belegen. Von der langen Seite her aufrollen, in Frischhaltefolie wickeln und mind. 2 Std. kalt stellen. Anschließend in ca. 2 cm dicke Scheiben schneiden und servieren.

LOW CARB LOW FAT

PRO PORTION: 454 KCAL | 31 G E | 35 G F | 5 G KH

40 Min. zzgl. 2 Std. Ruhezeit

Zutaten für 4 Personen

- 40 g Gouda
- 1 Knoblauchzehe
- 1 EL natives Olivenöl extra
- 250 g Blattspinat
- 3 Eier
- 30 g Weizenmehl Type 405
- Salz
- frisch gemahlener schwarzer Pfeffer
- 50 g gemischte Kräuter (z. B. Petersilie und Basilikum)
- 200 g Frischkäse
- 1 TL Zitronensaft
- 300 g Räucherlachs, in Scheiben

00:00
thermomix

thermomix
00:00

Extra-Wissen

HEIMISCHE SUPERFOODS

Online-Redakteurin Nicole stellt euch sieben wahre Kraftpakete vor – eins davon pro Tag in den Speiseplan integriert wirkt Wunder!

Hirse

Hirse ist eine tolle glutenfreie Alternative zu Reis, außerdem eine gute Quelle für pflanzliches Eisen. Wenn ihr kein oder wenig Fleisch esst, kann Hirse einen Teil eures Eisenbedarfs decken. Zum Kochen gebt ihr 300 g Hirse mit 1000 g Wasser in den und gart sie **15 Min. | 100 °C | | .** Dann wie Reis servieren oder weiterverarbeiten. Toll

- ★ als Basis von körnigen Salaten und Bowls
- ★ als „Hirsotto" serviert
- ★ für Paprika mit einer Hirse-Pilz-Füllung

Blaubeeren

Die kleinen blauen Früchtchen – ob Heidel- oder Blaubeere genannt – sind kalorienarme Vitaminbomben, die euer Immunsystem stärken. Mit dem Thermomix® könnt ihr aus ihnen beerige Vitamin-Shots herstellen! Für 12 Shots à 50 ml gebt ihr 1 vorgegarte Rote Bete in Stücken mit 125 g Blaubeeren, 250 ml Schwarzem Johannisbeersaft und dem Saft von 1 Limette in den und püriert alles **1 Min. | Stufe 10**. Saft in sterilisierte Fläschchen abfüllen und kalt stellen. Innerhalb von drei Tagen verbrauchen. Probiert sie auch

- ★ über Joghurt oder Müsli
- ★ in Smoothies
- ★ im Pfannkuchenteig
- ★ als Topping für Waffeln oder Kuchen

Brokkoli

Was den Vitamingehalt angeht, ist der Kohlkopf der Star unter den Gemüsen. Die Röschen entweder schonend im Varoma® garen – dafür 500 g Wasser in den geben, Kohl **20 Min. | Varoma® | Stufe 1** dünsten – oder Röschen und Strunk in Stücken in den geben und **5 Sek. | Stufe 5** zerkleinern. Perfekt

- ★ als Brokkolisalat mit Apfel
- ★ als Low-Carb-Pizza mit Brokkoliboden
- ★ als knusprige Brokkoli-Parmesan-Taler

Kürbiskerne

Die kleinen Kerne sind reich an Omega-3-Fettsäuren, die für unseren Körper essenziell sind. Dank ihres hohen Gehalts des Spurenelements Zink sind sie echte Immunbooster. Ihr könnt ihre wertvollen Inhaltsstoffe in Form von puren oder gerösteten Kernen, als Kürbiskernöl oder als Mus konsumieren. Für einen Aufstrich 100 g Kürbiskerne in den geben, **10 Sek. | Stufe 10** zerkleinern. Dann 30 g Kürbiskernöl, 250 g Quark, ½ TL Salz sowie 1 Prise Pfeffer zugeben und **10 Sek. | Stufe 3** verrühren. Innerhalb weniger Tage aufbrauchen. Super

- ★ auf selbst gebackenen Brötchen und Brot
- ★ auf Salate und Suppen gestreut
- ★ auf Ofengemüse
- ★ als Kürbiskernöl für Blattsalate und zum Beträufeln von Suppen

Sanddorn

Die Vitamin-C-Bombe stellt alle anderen Obst- und Gemüsesorten in den Schatten und ist damit ein hervorragender Unterstützer unseres Immunsystems im Kampf gegen Erkältung und andere Infektionskrankheiten! Bekommt ihr frische Beeren, dann püriert sie **20 Sek. | Stufe 8** im und streicht die Masse durch ein Sieb. Ansonsten schaut euch im Handel nach purem Saft, Öl, Tee oder Pulver um, was alles vielseitig verwendbar ist. Prima

- ★ in Shakes, Eistee & Co.
- ★ als Aufstrich
- ★ zu Pfannkuchen oder Milchreis
- ★ im Dressing

Leinsamen

Am besten nimmt euer Körper die Ballaststoffe, Proteine und Omega-3-Fettsäuren aus Leinsamen auf, wenn sie geschrotet sind. Dafür 100 g davon in den geben und **20 Sek. | Stufe 10** zerkleinern. Leinsamen regen die Verdauung an und sorgen dafür, dass ihr länger satt bleibt. Eignet sich

- ★ als Topping auf Müsli
- ★ in selbst gemachten Müsliriegeln
- ★ in Smoothies und Shakes
- ★ als Leinsamenöl im Joghurt

Hanfsamen

Sie sind ballaststoff- und proteinreich – wer sich vegan ernährt, kann also einen Teil der Nährstoffzufuhr mit ihnen abdecken. Im Handel gibt es Hanfsamen ungeschält oder geschält, wobei die ungeschälten mehr Ballaststoffe enthalten. Schmeckt

- ★ als Topping über Salat oder Müsli
- ★ im Smoothie (1–2 EL Hanfsamen)
- ★ im hausgemachten Pesto, 4 TL Samen unter 40 g mixen

FIT UND GESUND

Wie ihr euer Immunsystem stärkt und langfristig davon profitiert, verraten wir euch hier

Mehr Vielfalt auf dem Teller!

Ausgewogene Ernährung

Der Großteil unseres Immunsystems befindet sich im Darm, etwa 80 %, deshalb ist eine gute Darmgesundheit wichtig für eine funktionierende und starke Abwehr. Achtet auf eine vielfältige und abwechslungsreiche Ernährung mit reichlich Ballaststoffen, etwas Eiweiß und gesunden Fetten. Das bedeutet: viel Obst und Gemüse, Hülsenfrüchte, Vollkornprodukte und Nüsse. So stimuliert ihr eure Darmtätigkeit und das ist eine gute Grundlage, um euch fit und gesund zu fühlen.

Natürliche Booster

Diese Gewürze und Kräuter haben es in sich und kurbeln das Immunsystem so richtig an.

CHILI

Capsaicin ist verantwortlich für die Schärfe und zugleich für die antibakterielle und entzündungshemmende Wirkung.

Chili zerkleinern

3 SEK. | STUFE 8

INGWER

Gingerol hat eine schmerzlindernde und entzündungshemmende Wirkung, zudem bringt Ingwer antioxidative und antimikrobielle Eigenschaften mit. Damit ist Ingwer ideal, um gegen Infekte vorzubeugen und das Immunsystem zu stärken.

Ingwer zerkleinern

3 SEK. | STUFE 8

KNOBLAUCH

Allicin hilft, die Infektanfälligkeit zu senken und das Immunsystem zu stärken. Übrigens: Der Stoff wird erst beim Hacken oder Zerquetschen der Zehen freigesetzt.

Knoblauch zerkleinern

2 SEK. | TURBO

KURKUMA

Die Wurzel wirkt entzündungshemmend, entgiftend und regt das Immunsystem an.

Kurkuma zerkleinern

3 SEK. | STUFE 8

ZIMT

Zimt wirkt antibakteriell und entzündungshemmend, zudem fördert er den Stoffwechsel und die Verdauung.

Zimt mahlen

20 SEK. | STUFE 10

4 TOP-TIPPS FÜR EIN STARKES IMMUNSYSTEM

1 Regelmäßige **Bewegung**: ob joggen, Gassi gehen, Rad fahren oder mit den Kids toben – Hauptsache, es macht Spaß!

2 Gesunde und ausgewogene **Ernährung**: Dank Zaubertopf könnt ihr alles frisch zubereiten und wisst so, was drinsteckt.

3 **Ruhepausen** einplanen: Nutzt die Zeit auch mal, in der der Thermomix® für euch kocht, für ein gutes Buch oder eine Tasse Tee. Je ausgeruhter ihr seid, desto stärker ist euer Immunsystem.

4 Raus an die **Luft:** Die Sonne versorgt unseren Körper mit Vitamin D, was für die Stärkung des Immunsystems eine wichtige Rolle spielt.

POWER-SHOTS

Power-Shots sind die Geheimwaffe, wenn ihr euer Immunsystem stärken wollt. Fertige Shots aus dem Supermarkt sind teuer, enthalten oftmals viel Zucker oder sind mit Saft gestreckt. Die wertvollen Zutaten wie Ingwer sind selten als Hauptzutat darin. Mixt eure Shots also besser selbst. Das geht mit dem Thermomix® ratzfatz! Den Klassiker Ingwer-Shot findet ihr auf Seite 124 in diesem Buch.

Weitere tolle Kombinationen: Orange und Kurkuma, Staudensellerie und Apfel, Karotte und Sanddorn, Chili und Tomate oder auch Rote Bete und Blaubeere.

Die Frische macht den Unterschied: Power-Shots bereitet ihr am besten frisch zu. Damit keine wertvollen Nährstoffe verloren gehen, solltet ihr sie verschlossen kalt lagern und in 3–5 Tagen verbrauchen.

GUTES MIT FLEISCH

Cheeseburger-Wraps, Räubertopf oder zart gegartes Geflügel: Mit diesen Feel-Good-Gerichten schlemmt ihr euch satt und glücklich

thermomix
Menu
00 00
0

HÄHNCHENFRIKADELLEN MIT BLUMENKOHLREIS UND CURRYSOßE

LOW CARB LOW FAT

PRO PORTION: 477 KCAL | 46 G E | 22 G F | 26 G KH

35 Min.

Zutaten für 4 Personen

Für den Blumenkohlreis

- 600 g Blumenkohl, in Röschen
- Salz
- 1 EL Zitronensaft

Für die Hackbällchen

- 2 Knoblauchzehen
- 100 g Parmesan, in Stücken
- Blättchen von 5 Stielen Koriander zzgl. etwas mehr zum Garnieren
- 600 g Hähnchenfleisch, in Stücken
- frisch gemahlener schwarzer Pfeffer
- 1 TL rosenscharfes Paprikapulver
- ½ TL Chiliflocken

Für die Soße

- 1 Zwiebel, halbiert
- 1 Knoblauchzehe
- 20 g natives Olivenöl extra
- 20 g Tomatenmark
- 400 g passierte Tomaten (Dose)
- 200 g Wasser zzgl. etwas mehr zum Anrühren
- 3 EL Currypulver
- 1 TL Gemüse-Gewürzpaste (siehe Seite 76)
- 1 TL rosenscharfes Paprikapulver
- 1 TL getrockneter Oregano
- 1 EL Sriracha-Soße
- 1 EL Zitronensaft

1 | Für den Blumenkohlreis den Blumenkohl, 2 Prisen Salz und Zitronensaft in den geben, mithilfe des **5 Sek. | Stufe 5** zerkleinern, in den Einlegeboden umfüllen und beiseitestellen.

2 | Für die Hackbällchen Knoblauch, Parmesan und Koriander im **5 Sek. | Stufe 8** zerkleinern und mit dem nach unten schieben. Hähnchen zugeben, **10 Sek. | Stufe 6** zerkleinern und mit dem nach unten schieben. Den Vorgang 2- bis 3-mal wiederholen. 1 TL Salz, 3 Prisen Pfeffer, Paprikapulver und Chiliflocken zugeben und **30 Sek. |** verkneten. Aus der Masse kleine Bällchen formen und in den Varoma® setzen. Den kurz ausspülen.

3 | Für die Soße Zwiebel mit Knoblauch in den geben und **5 Sek. | Stufe 5** zerkleinern. Mit dem nach unten schieben, das Öl zufügen und ohne Messbecher **3 Min. | 120 °C | Stufe 2** andünsten. Tomatenmark, passierte Tomaten, Wasser, Curry, ½ TL Salz, 2 Prisen Pfeffer, Gewürzpaste, Paprikapulver, Oregano, Sriracha und Zitronensaft zugeben.

4 | Den Varoma® aufsetzen, den Einlegeboden einsetzen, Varoma® verschließen und die Zutaten **20 Min. | Varoma® | | ** garen. Varoma® absetzen, Blumenkohlreis mit den Bällchen auf tiefen Tellern anrichten, Soße darübergeben und mit Koriander garniert servieren.

LOW CARB
LOW FAT

PRO PORTION: 835 KCAL | 47 G E | 61 G F | 28 G KH

30 Min.

Zutaten für 4 Personen

Für das Zaziki

- 1 Knoblauchzehe
- Blättchen von 2 Stielen Petersilie zzgl. etwas mehr zum Garnieren
- 1 kleine Gurke, in Stücken
- 300 g Sahnejoghurt
- Saft von ½ Zitrone
- Salz
- frisch gemahlener schwarzer Pfeffer

Für den Dönerteller

- 1 kleiner Eisbergsalat, in Stücken
- 300 g Rotkohl, in Stücken
- 1 EL Xylit
- 60 g Apfelessig
- 60 g Rapsöl zzgl. 3 EL zum Anbraten
- 15 g mittelscharfer Senf
- Saft von ½ Zitrone
- 500 g Kebab-Fleisch, in Streifen
- 3 Tomaten, in Spalten
- 1 Zwiebel, in Ringen
- 150 g Feta, zerbröselt

LOW CARB DÖNERTELLER

1 | Für das Zaziki Knoblauch und Petersilie in den geben, **3 Sek. | Stufe 8** zerkleinern. Gurke zufügen, **4 Sek. | Stufe 5** zerkleinern und mit dem nach unten schieben. Joghurt, Zitronensaft, ½ TL Salz sowie 3 Prisen Pfeffer zugeben und **30 Sek. | Stufe 3** verrühren. Umfüllen und kalt stellen. Den spülen.

2 | Für den Dönerteller Salat in den geben, **4 Sek. | Stufe 4** mithilfe des zerkleinern und umfüllen. Rotkohl in den geben und **5 Sek. | Stufe 4** ebenfalls mithilfe des zerkleinern. Je nach gewünschter Struktur den Vorgang wiederholen. ½ TL Salz, Xylit, Essig, Öl, Senf sowie Zitronensaft zufügen, **1 Min. | | Stufe 3** vermischen. 3 EL Öl in einer Pfanne erhitzen. Das Fleisch darin rundherum goldbraun anbraten.

3 | Eisbergsalat, Krautsalat, Tomaten, Zwiebel und Kebap-Fleisch auf Tellern anrichten. Mit Feta und etwas Petersilie bestreuen, mit Zaziki beträufeln und sofort servieren.

> TIPP Kebab-Fleisch bekommt ihr im gut sortierten Supermarkt inzwischen frisch oder tiefgekühlt, ganz sicher aber im türkischen Supermarkt. Alternativ eignen sich auch Gyros oder gewürztes Putenfleisch für das Rezept.

LAHMACUN MIT BLUMENKOHLBODEN

LOW CARB LOW FAT

PRO PORTION: 518 KCAL | 28 G E | 34 G F | 29 G KH

45 Min.

Zutaten für 4 Personen

Für den Boden

- 200 g Gouda, in Stücken
- 500 g Blumenkohl, in Röschen
- 100 g Karotten, in Stücken
- 2 Eier
- 40 g Mandelmehl
- Salz
- frisch geriebener schwarzer Pfeffer
- etwas natives Olivenöl extra zum Fetten

Für den Belag

- 2 Zwiebeln, halbiert
- 2 Knoblauchzehen
- 250 g Rinderhackfleisch
- 20 g natives Olivenöl extra
- 4 EL Tomatenmark
- 1 TL gemahlener Kreuzkümmel
- 2 TL getrocknete Minze (z. B. aus einem Teebeutel)
- 250 g Wasser
- 1 TL Gemüse-Gewürzpaste (siehe Seite 76)
- 300 g Gurke, in Stücken
- Blättchen von 4 Stielen Petersilie
- 200 g Kirschtomaten, geviertelt
- 250 g Zaziki (siehe Seite 59)

1 | Backofen auf 180 °C Umluft vorheizen. Für den Boden Gouda im **12 Sek. | Stufe 8** zerkleinern und umfüllen. Blumenkohl und Karotten in den geben und **10 Sek. | Stufe 6** fein zerkleinern. Dann in ein sauberes Küchentuch wickeln und kräftig ausdrücken. Blumenkohl-Karotten-Mix, Gouda, Eier, Mandelmehl, 1 TL Salz und 1 Prise Pfeffer in den geben und **30 Sek. | Stufe 8–10** fein pürieren.

2 | 2 Backbleche mit Backpapier belegen und dieses dünn mit Öl bestreichen. Je 2 Portionen Teig auf die Backbleche geben und mit den Händen und einer Palette zu 4 sehr dünnen Fladen formen. Im Ofen ca. 30 Min. backen. Nach 15 Min. die Backbleche tauschen, damit die Fladen gleichmäßig gebräunt werden. Den spülen.

3 | Für den Belag die Zwiebeln mit dem Knoblauch in den geben und **5 Sek. | Stufe 5** zerkleinern. Mit dem nach unten schieben. Das Hackfleisch mit Olivenöl zufügen und ohne Messbecher **5 Min. | 120 °C | | Stufe 1** andünsten. Tomatenmark, Kreuzkümmel, Minze, Wasser sowie Gewürzpaste zugeben, alles **5 Min. | Varoma® | | Stufe 1** köcheln lassen.

4 | Die Backofentemperatur auf 220 °C erhöhen und die Fladen ein paar Minuten weiterbacken, bis sie leicht gebräunt sind. Eventuell die Bleche noch einmal tauschen. Dann mit der Hackfleischsoße bestreichen und in 5–7 Min. fertig backen. Den spülen.

5 | Inzwischen Gurke im **3 Sek. | Stufe 4** zerkleinern und umfüllen. Petersilie in den geben und **3 Sek. | Stufe 8** zerkleinern. Die Fladen aus dem Ofen nehmen, mit Gurke und Tomaten belegen und mit dem Zaziki beträufeln. Mit Petersilie garniert servieren.

>**LAHMACUN** Der Boden der türkischen Pizza besteht üblicherweise aus einem Hefeteig. Wir bereiten ihn allerdings ohne Weizenmehl zu – stattdessen verwenden wir Blumenkohl, Karotten, Ei, Mandelmehl und Gouda. Der Belag besteht wie beim Original aus Hackfleisch, Tomate, Gurke und Zaziki. Ihr könnt euer Lahmacun zusätzlich mit etwa 100 g abgetropften schwarzen Oliven bestreuen.

HÄHNCHENBRUST MIT REIS UND GEMÜSE

PRO PORTION: 677 KCAL | 46 G E | 26 G F | 67 G KH

45 Min.

Zutaten für 4 Personen

- 1 Zwiebel, halbiert
- 20 g natives Olivenöl extra
- 1400 g Wasser
- 1 TL Gemüse-Gewürzpaste (siehe Seite 76)
- 250 g Reis
- 4 Hähnchenbrustfilets (à etwa 160 g)
- 1 TL Salz
- 1 TL frisch gemahlener schwarzer Pfeffer
- 2 TL edelsüßes Paprikapulver
- 250 g Karotten, in Stiften
- 300 g Brokkoli, in Röschen
- 300 g Blumenkohl, in Röschen
- 200 g Kräuterfrischkäse
- Blättchen von 10 Stielen Petersilie zzgl. etwas mehr zum Garnieren
- 30 g Weizenmehl Type 405

1 | Zwiebel in den geben und **5 Sek. | Stufe 5** zerkleinern. Mit dem nach unten schieben. Öl zugeben und **2 Min. | 120 °C | Stufe 2** dünsten.

2 | Wasser und Gewürzpaste in den füllen. Reis in den Garkorb einwiegen und unter laufendem Wasser abspülen. Garkorb mit Reis in den einhängen, mit dem umrühren.

3 | Die Hähnchenbrustfilets von beiden Seiten mit Salz, Pfeffer sowie Paprikapulver würzen und auf den Einlegeboden legen. Das Gemüse im Varoma® verteilen. Varoma® und Einlegeboden aufsetzen, verschließen und alles **27 Min. | Varoma® | Stufe 2** garen.

4 | Nach Ende der Garzeit den Varoma® abnehmen, den Garkorb herausnehmen und den leeren. 300 g Garflüssigkeit auffangen, mit Frischkäse, Petersilie und Mehl in den geben, **5 Sek. | Stufe 5** vermengen. Dann **3 Min. | 100 °C | Stufe 3** erwärmen.

5 | Die Soße **30 Sek. | Stufe 8** pürieren. Die Hähnchenbrustfilets mit Reis, Gemüse und Soße auf Tellern anrichten. Mit etwas Petersilie bestreuen und servieren.

LOW CARB LOW FAT

PRO PORTION: 438 KCAL | 14 G E | 33 G F | 24 G KH

55 Min.

Zutaten für 4 Personen

Für das Zaziki

- 3 Knoblauchzehen
- 1 Gurke, entkernt und in Stücken
- 400 g Sahnejoghurt
- Saft und Abrieb von ½ unbehandelten Limette
- Salz
- frisch gemahlener schwarzer Pfeffer

Für den Salat

- 10 g Petersilienblättchen zzgl. etwas mehr zum Garnieren
- 1 Zwiebel, halbiert
- 450 g Weißkohl, in Stücken
- 50 g natives Olivenöl extra
- 20 g heller Balsamicoessig

Für das Gyros

- 1 Zwiebel, halbiert
- 1 Knoblauchzehe
- 20 g natives Olivenöl extra
- 400 g Putenbrustfilet, in Streifen
- 1 EL Gyrosgewürz
- 500 g Wasser
- 70 g Tomatenmark
- 2 TL Gemüse-Gewürzpaste (siehe Seite 76)
- 2 rote Paprikaschoten, in Stücken
- 200 g Champignons, in Scheiben
- 100 g fettreduzierte Sahne

PUTENGYROS MIT KRAUTSALAT

1 | Für das Zaziki die Knoblauchzehen in den Mixtopf geben, **2 Sek. | Turbo** zerkleinern und mit dem Spatel nach unten schieben. Die Gurke zufügen und **4 Sek. | Stufe 4** zerkleinern. Den Vorgang nach Belieben wiederholen. Joghurt, Limettensaft sowie -abrieb, ½ TL Salz sowie 2 Prisen Pfeffer zufügen und alles **10 Sek. | Stufe 3** verrühren. Zaziki umfüllen und kalt stellen.

2 | Die Zutaten für den Salat mit 3 Prisen Salz und 2 Prisen Pfeffer in den Mixtopf geben und **6 Sek. | Stufe 5** zerkleinern. Umfüllen und ziehen lassen.

3 | Für das Gyros Zwiebel und Knoblauch im Mixtopf **5 Sek. | Stufe 5** zerkleinern. Mit dem Spatel nach unten schieben, Öl zufügen und ohne Messbecher **2 Min. | 100 °C | Stufe 2** andünsten. Das Fleisch mit dem Gyrosgewürz zugeben und **5 Min. | Varoma® |** Linkslauf **|** Sanftrührstufe dünsten.

4 | Wasser, Tomatenmark, Gewürzpaste, ½ TL Salz sowie 2 Prisen Pfeffer in den Mixtopf geben. Den Varoma® mit Paprika und Pilzen befüllen und aufsetzen. Mit dem Deckel verschließen und das Gemüse **30 Min. | Varoma® |** Linkslauf **|** Sanftrührstufe garen. Den Varoma® absetzen, Gemüse mit Sahne in den Mixtopf geben und alles **2 Min. | Varoma® |** Linkslauf **|** Sanftrührstufe aufkochen.

5 | Putengyros mit Zaziki und Krautsalat anrichten, mit Petersilie bestreuen und servieren.

RÄUBERTOPF MIT PAPRIKA

1 | Zwiebelhälften in den geben, **5 Sek. | Stufe 5** zerkleinern und mit dem nach unten schieben. Das Öl zufügen und ohne Messbecher **2 Min. | 120 °C | Stufe 1** dünsten.

2 | Geschnetzeltes zugeben und ohne Messbecher **6 Min. | 120 °C |** | dünsten. Tomatenmark, Senf, Paprikapulver, Rinderfond, Zitronensaft, Lorbeerblätter, Salz sowie Pfeffer zufügen und alles ohne Messbecher **35 Min. | 100 °C |** **| Stufe 1** garen. Dabei den Garkorb als Spritzschutz aufsetzen.

3 | Garkorb absetzen und den Varoma® auf den setzen, Paprika- sowie Zwiebelstreifen hineingeben, den Varoma® verschließen und alles **15 Min. | Varoma® |** | garen.

4 | Den Varoma® absetzen. Die Lorbeerblätter entfernen. Paprika und Zwiebeln in den geben und mithilfe des vermengen. Mit Salz sowie Pfeffer abschmecken und servieren.

>TIPP Gulasch essen viele gerne mit Nudeln oder Kartoffeln. Kocht ihr für die ganze Familie und ihr möchtet lieber darauf verzichten, könnt ihr diese Beilagen parallel in einem Topf kochen und seperat dazureichen.

LOW CARB LOW FAT

PRO PORTION: 452 KCAL | 25 G E | 29 G F | 22 G KH

1 Std. 10 Min.

Zutaten für 4 Personen

- 3 Zwiebeln, 1 halbiert und 2 in Streifen
- 40 g Rapsöl
- 750 g Geschnetzeltes vom Rind oder Schwein
- 40 g Tomatenmark
- 1 TL mittelscharfer Senf
- 1 EL edelsüßes Paprikapulver
- 1 TL rosenscharfes Paprikapulver
- 700 g Rinderfond
- 1 TL Zitronensaft
- 2 Lorbeerblätter
- ½ TL Salz
- 3 Prisen frisch gemahlener schwarzer Pfeffer
- 1 rote Paprikaschote, in Streifen
- 1 gelbe Paprikaschote, in Streifen
- 1 grüne Paprikaschote, in Streifen

Nach Herzenslust genießen!

LOW-CARB-PIZZAROLLE

PRO PORTION: 468 KCAL | 34 G E | 33 G F | 10 G KH

50 Min.

Zutaten für 4 Personen

- 190 g Gouda, in Stücken
- 190 g Quark
- 4 Eier
- ½ TL Salz
- 80 g passierte Tomaten
- 2 TL getrocknete italienische Kräuter
- 4 Scheiben Kochschinken, in Würfeln
- 80 g Mais (Dose), abgetropft
- 80 g Mozzarella
- 100 g Rucola

1 | Backofen auf 180 °C Ober-/Unterhitze vorheizen, ein Blech mit Backpapier auslegen. Für den Teig den Gouda in den geben und **12 Sek. | Stufe 10** zerkleinern. Übrige Zutaten zufügen und **30 Sek. | Stufe 4** vermengen. Die Masse auf das Backblech streichen und im heißen Ofen ca. 15 Minuten backen. Anschließend aus dem Ofen nehmen.

2 | Für den Belag passierte Tomaten und Kräuter in einer Schüssel vermengen und den vorgebackenen Boden damit bestreichen. Schinken, Mais sowie Mozzarella auf der Soße verteilen und die Pizza weitere 15–20 Minuten backen. Dann aus dem Ofen nehmen, kurz abkühlen lassen und den Rucola darauf verteilen. Von der langen Seite her vorsichtig aufrollen und in ca. 2 cm breite Scheiben schneiden.

TIPP

Der Low-Carb-Teig besteht aus einer Quark-Eier-Basis, die wir mit Käse würzen. Ihr könnt alternativ auch andere Käsesorten in der Pizzarolle verarbeiten – ebenfalls gut passen z. B. Cheddar, Gruyère oder Appenzeller.

GEMÜSEPUFFER MIT SCHINKEN

LOW CARB | LOW FAT

PRO PORTION: 474 KCAL | 33 G E | 32 G F | 18 G KH

1 Std. 15 Min.

Zutaten für 4 Personen

- 30 g blanchierte Mandeln
- 50 g Parmesan, in Stücken
- 350 g Blumenkohl, in Röschen
- 100 g Karotten, in Stücken
- 5 Eier
- 35 g Sojamehl
- Salz
- frisch gemahlener schwarzer Pfeffer
- 100 g gekochter Schinken, in Stücken
- 2½ EL Rapsöl
- 1 rote Paprikaschote, in Stücken
- 10 g Schnittlauch, in Röllchen
- 80 g Crème fraîche
- 200 g körniger Frischkäse
- ½ TL edelsüßes Paprikapulver

1 | Backofen auf 100 °C Ober-/Unterhitze vorheizen. Die Mandeln im **10 Sek. | Stufe 7** hacken und umfüllen. Den Parmesan im **5 Sek. | Stufe 10** zerkleinern und ebenfalls umfüllen.

2 | Blumenkohl und Karotten im **4 Sek. | Stufe 4,5** zerkleinern. Mandeln, Parmesan, Eier, Sojamehl, 1 TL Salz, ¼ TL Pfeffer sowie Schinken zugeben und **20 Sek. | | Stufe 3** verrühren. Die Masse in eine Schüssel füllen. Den spülen und trocknen.

3 | 1 EL Rapsöl in einer beschichteten Pfanne erhitzen. Mit einem Schöpflöffel ¼ der Masse in die Pfanne geben und einen ungefähr 15 cm großen Puffer formen. Diesen bei mittlerer Hitze etwa 8 Min. braten. Dabei die Pfanne mit einem Deckel abdecken. Dann den Puffer vorsichtig wenden und etwa 6 Min. weiterbraten. Herausnehmen und im Ofen warm stellen. Für die weiteren Puffer jeweils etwa ½ EL Rapsöl in die Pfanne geben und wie den ersten braten.

4 | Die Paprikaschote in den geben und **4 Sek. | Stufe 5** zerkleinern. Dann Schnittlauch, Crème fraîche, körnigen Frischkäse, Paprikapulver, 1 Prise Salz sowie 1 Prise Pfeffer zufügen und **10 Sek. | Stufe 3** vermischen. Den fertigen Dip in ein Schüsselchen füllen und zu den Puffern reichen.

HÄHNCHEN MIT KAROTTENREIS UND TAHINSOßE

PRO PORTION: 470 KCAL | 46 G E | 21 G F | 27 G KH

45 Min.

Zutaten für 4 Personen

- 650 g Karotten, in Stücken
- ½ Bund Frühlingszwiebeln, in Ringen, weiße und grüne Ringe getrennt
- 1 Knoblauchzehe
- Blättchen von 4 Stielen Petersilie
- 2 EL natives Olivenöl extra
- 550 g Wasser
- 1 TL Gemüse-Gewürzpaste (siehe Seite 76)
- 4 Hähnchenbrustfilets (à ca. 160 g)
- 1 Prise Salz
- 1 Prise frisch gemahlener schwarzer Pfeffer
- jeweils 1 EL schwarzer und weißer Sesam
- 100 g Tahin
- Abrieb und Saft von 1 unbehandelten Zitrone
- 30 g Sojasoße

1 | Karotten im **4 Sek. | Stufe 5** zerkleinern und in den Garkorb umfüllen. Weiße Frühlingszwiebelringe, Knoblauch und Petersilie im **3 Sek. | Stufe 8** zerkleinern. Mit dem nach unten schieben. Öl zufügen und ohne Messbecher **3 Min. | 120 °C |** andünsten.

2 | 500 g Wasser und Gewürzpaste in den füllen. Den Varoma® aufsetzen, die Hähnchenbrustfilets darin verteilen und mit Salz und Pfeffer würzen. Den Deckel auflegen und die Zutaten **14 Min. | Varoma® | Stufe 1** garen.

3 | Den Varoma® absetzen. Den Garkorb mit den Karotten einsetzen, Varoma® wieder aufsetzen und **14 Min. | Varoma® | Stufe 1** weitergaren. Inzwischen den Sesam in einer Pfanne ohne Fett rösten und beiseitestellen.

4 | Varoma® geschlossen absetzen, den Garkorb mithilfe des entnehmen. Restliches Wasser, Tahin, Zitronensaft und Sojasoße in den geben und **3 Min. | 90 °C | Stufe 3** vermengen. Inzwischen die Hähnchenbrustfilets in Scheiben schneiden.

5 | Karottenreis mit Hähnchen und Soße anrichten. Mit grünen Frühlingszwiebelringen, Zitronenabrieb und Sesam bestreut servieren.

>ZARTES GEFLÜGEL Dämpfen ist eine wunderbare Methode, um Fleisch schonend und sehr saftig zuzubereiten – denn der aufsteigende Wasserdampf entweicht nicht, sondern kondensiert am Deckel und tropft dann zurück auf das Gargut. In diesem Rezept dämpft ihr die Filets im Ganzen und nicht als Geschnetzeltes. So bleiben die Säfte, und damit die wertvollen Aromen und Proteine, komplett im Fleisch. Weil die Garzeit der Filets länger ist, gebt ihr die Karotten erst nach der Hälfte der Zeit in den Garkorb. So sind Fleisch und Gemüse später zeitgleich fertig. Clever: Mit der Garflüssigkeit mixt ihr vor dem Servieren ratzfatz noch eine cremige Soße!

CHEESEBURGER-WRAPS

PRO PORTION: 454 KCAL | 40 G E | 30 G F | 7 G KH

30 Min.

Zutaten für 4 Personen

- 400 g Rinderhackfleisch
- Salz
- frisch gemahlener schwarzer Pfeffer
- 45 g mittelscharfer Senf
- 20 g Low-Carb-Tomatenketchup
- 50 g Gewürzgurken (Glas), in Scheiben, zzgl. 1 TL Gurkenwasser
- ½ TL Essig
- 50 g Cheddar
- 200 g Eisbergsalat, in groben Stücken
- 2 Zwiebeln, halbiert
- 30 g neutrales Proteinpulver
- 4 Eier
- 60 g Milch
- 2 EL natives Olivenöl extra
- 150 g Tomaten, in Stücken

Außerdem

- Auflaufform (ca. 20 × 25 cm)

1 | Den Backofen auf 180 °C Ober-/Unterhitze vorheizen. Das Hackfleisch mit 1 TL Salz und 3 Prisen Pfeffer würzen und in einer Auflaufform verteilen. Im Ofen ca. 20 Min. backen. Nach der Hälfte der Garzeit das Hackfleisch entnehmen und das Fett aus der Form gießen. Dann die Form wieder in den Ofen schieben.

2 | Inzwischen Senf, Ketchup, Gurkenwasser sowie Essig in eine Schüssel geben und miteinander vermengen. Abschmecken und zur Seite stellen. Cheddar in den geben, **10 Sek. | Stufe 8** zerkleinern, umfüllen. Die Salatblätter in den geben und **5 Sek. | Stufe 4** zerkleinern und umfüllen. Die Zwiebeln in den geben, **5 Sek. | Stufe 5** zerkleinern und ebenfalls umfüllen. Den spülen.

3 | Proteinpulver, Eier sowie Milch in den einwiegen, **20 Sek. | Stufe 4** verquirlen. Etwas Öl in einer Pfanne erhitzen, jeweils ¼ vom Teig hineingeben, mit einem Löffel verteilen und nacheinander 4 Wraps backen. Wenden, sobald sich auf der Oberseite kleine Luftbläschen bilden. Die fertigen Wraps mit Soße bestreichen und mit Hackfleisch, Cheddar, Salat, Zwiebeln, Gewürzgurken sowie Tomaten belegen. Zusammenrollen und servieren.

PRO PORTION: 549 KCAL | 28 G E | 42 G F | 19 G KH

35 Min.

Zutaten für 4 Personen

Für die Frikadellen

- 1 Schalotte
- 500 g gemischtes Hackfleisch
- 1 TL mittelscharfer Senf
- 1 Ei
- Salz
- frisch gemahlener schwarzer Pfeffer
- ½ TL edelsüßes Paprikapulver
- Sonnenblumenöl zum Anbraten

Für das Gemüse

- 400 g Karotten, in Stiften
- 400 g Kohlrabi, in Stiften
- 500 g Wasser
- 1 Zwiebel, halbiert
- 2 EL Sonnenblumenöl
- 150 g Sahne
- 1 TL Johannisbrotkernmehl
- etwas gehackte Petersilie zum Garnieren

FRIKADELLEN MIT RAHMGEMÜSE

1 | Für die Frikadellen Schalotte im **5 Sek. | Stufe 5** zerkleinern. Mit dem nach unten schieben. Hackfleisch, Senf, Ei, 1 TL Salz, ½ TL Pfeffer und Paprikapulver zugeben, **1 Min. |** vermengen. Aus der Masse etwa 8 Frikadellen formen und diese kalt stellen. spülen.

2 | Für das Gemüse Karotten und Kohlrabi im Varoma® und auf dem Einlegeboden verteilen. Wasser in den geben, den Varoma® geschlossen aufsetzen und alles **18 Min. | Varoma® | Stufe 2** garen.

3 | Den Varoma® vorsichtig abnehmen, beiseitestellen. Den leeren, Garflüssigkeit auffangen. Zwiebel im **5 Sek. | Stufe 5** zerkleinern, mit dem nach unten schieben. Öl zugeben und ohne Messbecher **2 Min. | 120 °C | | Stufe 2** dünsten. 150 g Garflüssigkeit, Sahne und Johannisbrotkernmehl zufügen und **5 Sek. | Stufe 5** mischen. Dann **5 Min. | 100 °C | Stufe 1** kochen, dabei den Garkorb als Spritzschutz aufsetzen. Öl in einer Pfanne erhitzen, die Frikadellen darin rundherum goldbraun-knusprig braten.

4 | Karotten sowie Kohlrabi zugeben, mit dem unterrühren und mit Salz und Pfeffer abschmecken. Das Rahmgemüse mit den Frikadellen und etwas Petersilie bestreut servieren.

thermomix
Menu
00 00
0

VIELFÄLTIGE GEMÜSEKÜCHE

Mit viel Genuss zur Traumfigur: Diese 11 pfiffigen Veggie-Ideen tun gut, machen satt und halten euch in Balance

SPARGELOMELETT

PRO PORTION: 521 KCAL | 38 G E | 39 G F | 8 G KH

30 Min.

Zutaten für 2 Personen

- 80 g italienischer Hartkäse (z. B. Montello), in Stücken
- 1 Knoblauchzehe
- 20 g Schnittlauch, in Röllchen zzgl. etwas mehr zum Garnieren
- 6 Eier
- 60 g Sahne
- ½ TL Salz
- 2 Prisen frisch gemahlener schwarzer Pfeffer
- 100 g grüner Spargel, in Stücken
- 8 Kirschtomaten, halbiert
- 500 g Wasser

1 | Käse und Knoblauch in den geben, **5 Sek. | Stufe 8** zerkleinern und mit dem nach unten schieben. Schnittlauch, Eier, Sahne, Salz sowie Pfeffer zufügen, **5 Sek. | Stufe 10** vermengen.

2 | Einlegeboden mit einem angefeuchteten Stück Backpapier auskleiden, dabei darauf achten, dass die Dampfschlitze am oberen Rand frei bleiben. Spargel sowie Tomaten darauf verteilen und mit der Eimasse übergießen. Den Einlegeboden in den Varoma® setzen und Deckel schließen.

3 | Das Wasser in den füllen und den Varoma® aufsetzen. Das Omelett **18 Min. | Varoma® | Stufe 2** dämpfen. In Stücke schneiden und mit Schnittlauchröllchen bestreut servieren.

>EIERSPEISEN Um ein perfektes Omelett zuzubereiten, verteilt zunächst die festen Zutaten wie Gemüse oder Fleisch auf dem Einlegeboden, den ihr zuvor mit Backpapier oder einer Silikon-Auflaufform ausgelegt habt. Gebt dann die Eiermischung darauf und füllt dabei sorgfältig alle Zwischenräume aus. Setzt nun den Einlegeboden vorsichtig in den Varoma® ein und schließt den Deckel. So gelingt euer Omelett besonders gleichmäßig.

EIER

Mit nur 90 Kalorien pro Stück sättigen Eier aufgrund ihres hohen Eiweiß- und Fettgehalts lang anhaltend, sodass ihr insgesamt weniger esst. Übrigens: Eier heizen die Fettverbrennung an, vor allem in Kombination mit Gemüse!

ZOODLES MIT AVOCADO-PESTO

PRO PORTION: 344 KCAL | 11 G E | 24 G F | 24 G KH

40 Min.

Zutaten für 4 Personen

- 4 mittelgroße Zucchini
- 2 TL Zitronenzesten
- 1 TL Meersalz
- Saft von 1 Zitrone zzgl. 1 TL
- 500 g Wasser
- 1 TL Gemüse-Gewürzpaste (siehe Tipp)
- 1 Knoblauchzehe
- 30 g Basilikumblättchen zzgl. etwas mehr zum Garnieren
- 50 g Cashewkerne
- Fruchtfleisch von 2 reifen Avocados
- 2 Prisen frisch gemahlener schwarzer Pfeffer
- ½ TL frisch geriebene Muskatnuss

1 | Zucchini mit dem Spiralschneider zu Zoodles verarbeiten und im Varoma® verteilen. Mit den Zitronenzesten, Meersalz und Zitronensaft vermengen. Wasser und Gewürzpaste in den geben und **12 Min. | Varoma® | Stufe 1** garen. Varoma® geschlossen absetzen und den leeren, dabei die Garflüssigkeit auffangen.

2 | Knoblauch und Basilikum in den geben, **3 Sek. | Stufe 8** zerkleinern. Cashewkerne zugeben und **5 Sek. | Stufe 5** zerkleinern. Mit dem nach unten schieben. 2 EL Garflüssigkeit, Avocados, Pfeffer, 1 TL Zitronensaft und Muskat zugeben und **10 Sek. | Stufe 6** pürieren. Die Zoodles mit Pesto vermengen. Auf Tellern anrichten und mit Basilikum garniert servieren.

>GEMÜSE-GEWÜRZPASTE Für 2 Gläser à 350 ml 3 getrocknete Tomaten und 1 Knoblauchzehe in den geben, **5 Sek. | Stufe 5** zerkleinern. Mit dem nach unten schieben. 700 g Suppengemüse in Stücken und 150 g Meersalz zufügen. Deckel aufsetzen, **20 Sek. | Stufe 8** zerkleinern. In Schraub- oder Bügelgläser füllen. Kühl gelagert mehrere Monate haltbar.

GRAUPENTOPF MIT PILZEN

PRO PORTION: 214 KCAL | 7 G E | 11 G F | 25 G KH

40 Min.

Zutaten für 4 Personen

- 20 g Petersilienblättchen zzgl. etwas mehr zum Garnieren
- 1 Zwiebel, halbiert
- 1 Knoblauchzehe
- 1 EL Butter
- 400 g gemischte Pilze (z. B. Champignons, Kräuterseitlinge, Pfifferlinge, Shiitake), in mundgerechten Stücken
- 220 g Graupen
- 1000 g Wasser
- 200 g fettreduzierte Sahne
- 1 TL Gemüse-Gewürzpaste (siehe Seite 76)
- ½ TL Salz
- 2 Prisen frisch gemahlener schwarzer Pfeffer
- 2 Frühlingszwiebeln, in Ringen
- 4 EL Crème fraîche

1 | Petersilie, Zwiebel und Knoblauch im **5 Sek. | Stufe 5** zerkleinern und mit dem nach unten schieben. Butter und Pilze zugeben und ohne Messbecher **5 Min. | 120 °C | | Stufe 2** andünsten.

2 | Die Graupen in einem Sieb unter fließendem Wasser gründlich abspülen, dann mit Wasser, Sahne und Gewürzpaste in den geben. Die Zutaten **20–25 Min. | 90 °C | | Stufe 1** garen.

3 | Den Graupentopf mit Salz und Pfeffer abschmecken und auf Teller verteilen. Mit Frühlingszwiebeln und je einem Klecks Crème fraîche garnieren und servieren.

> **TIPP** Graupen sind eine tolle und vor allem gesunde und günstige Alternative zu Reis oder Nudeln und dabei ebenfalls echte Sattmacher. Die kleinen Körner brauchen wie Reis rund 25 Minuten zum Garen und werden dabei schön weich wie Risottoreis. Wir haben zum Kochen noch Sahne dazugegeben, dann schmeckt's vollmundiger. Wollt ihr nur Graupen kochen, haltet euch an Schritt 2 und 3 und ihr habt eine tolle Beilage zum Beispiel zu Bratlingen oder Veggie-Schnitzel.

BLUMENKOHL-RISOTTO MIT MANDELN

LOW CARB LOW FAT

PRO PORTION: 322 KCAL | 12 G E | 26 G F | 9 G KH

30 Min.
Zutaten für 4 Personen

- 50 g italienischer Hartkäse (z. B. Montello)
- 750 g Blumenkohl, in Röschen
- 2 TL Zitronensaft
- 1 Zwiebel, halbiert
- 1 Knoblauchzehe
- 1 cm Ingwer
- 1 EL natives Olivenöl extra
- 200 g Wasser
- ½ TL Gemüse-Gewürzpaste (siehe Seite 76)
- 100 g Sahne
- 1 EL Mandelmus (siehe Seite 13)
- ½ TL Kurkumapulver
- ¼ TL gemahlener Kreuzkümmel
- ½ TL Salz
- 2 Prisen frisch gemahlener schwarzer Pfeffer
- 1 Msp. frisch geriebene Muskatnuss
- 2 EL Mandelblättchen
- 1 EL Butter
- gehackte Petersilie zum Garnieren

1 | Käse im **10 Sek. | Stufe 8** zerkleinern und umfüllen. Blumenkohl mit Zitronensaft in den geben, **8 Sek. | Stufe 5** zerkleinern und ebenfalls umfüllen.

2 | Zwiebel, Knoblauch und Ingwer in den geben, **5 Sek. | Stufe 5** zerkleinern und mit dem nach unten schieben. Das Öl zufügen und die Zutaten ohne Messbecher **4 Min. | 120 °C | | Stufe 1** andünsten.

3 | Blumenkohlraspel zufügen und alles weitere **3 Min. | 100 °C | | Stufe 1** dünsten. Wasser, Gewürzpaste, Sahne, Mandelmus und Gewürze zugeben und **10 Min. | 100 °C | | Stufe 1** garen, dabei den Garkorb als Spritzschutz aufsetzen. In der Zwischenzeit die Mandelblättchen in einer Pfanne ohne Fett rösten und beiseitestellen.

4 | Die Hälfte vom Käse und die Butter in den geben und unter das Risotto heben. Mit Salz und Pfeffer abschmecken. Das Blumenkohl-Risotto auf Teller verteilen, mit übrigem Käse, Petersilie sowie Mandelblättchen bestreuen und servieren.

LOW CARB LOW FAT

PRO PORTION: 466 KCAL | 20 G E | 20 G F | 87 G KH

40 Min.

Zutaten für 4 Personen

- 200 g Langkornreis
- 1500 g Wasser
- Salz
- 1 Zwiebel, halbiert
- 2 Knoblauchzehen
- 20 g natives Olivenöl extra
- 150 g kleine Champignons, in Scheiben
- 1 gelbe Paprikaschote, in Würfeln
- 2 EL Tomatenmark
- 400 g stückige Tomaten (Dose)
- 1 TL Gemüse-Gewürzpaste (siehe Seite 76)
- ½ TL frisch gemahlener schwarzer Pfeffer
- 1 TL Chilipulver
- 1 TL rosenscharfes Paprikapulver
- 255 g weiße Bohnen (Dose), abgetropft
- 255 g Kidneybohnen (Dose), abgetropft
- 150 g Mais (Dose), abgetropft
- Koriander zum Garnieren

GEMÜSECHILI MIT REIS

1 | Reis in den Garkorb einwiegen und unter fließendem Wasser gründlich abspülen. Den Garkorb in den einsetzen und 1200 g Wasser mit 1 TL Salz zugeben. Mit dem umrühren und **20 Min. | Varoma® | Stufe 4** garen. Den Garkorb mithilfe des entnehmen und warm stellen. Den leeren.

2 | Zwiebel und Knoblauch in den geben und **6 Sek. | Stufe 5** zerkleinern. Mit dem nach unten schieben, Öl, Pilze und Paprika zufügen und ohne Messbecher **3 Min. | 120 °C | | ** andünsten.

3 | Tomatenmark, stückige Tomaten, restliches Wasser, Gewürzpaste, 1 TL Salz und Gewürze hinzufügen und **8 Min | 100 °C | | Stufe 1** köcheln lassen. Anschließend Bohnen und Mais zugeben und das Chili **4 Min | 100 °C | | Stufe 1** fertig garen. Mit dem Reis auf Tellern anrichten und mit etwas Koriander garniert servieren.

WEIßKOHLTARTE

1 | Für den Teig die Kräuter in den geben und **3 Sek. | Stufe 7** zerkleinern. 1 EL umfüllen und beiseitestellen. Mehl, Butter, ½ TL Salz sowie 1 Ei zufügen und **2 Min. |** verkneten. In Frischhaltefolie gewickelt 30 Min. kalt stellen.

2 | Den Teig auf einer leicht bemehlten Arbeitsfläche etwas größer als die Form ausrollen. Die Tarteform mit Butter einfetten und mit dem Teig auslegen. Den Boden mehrmals mit einer Gabel einstechen, den Rand leicht andrücken und mit etwas Mehl bestäuben. Erneut 20 Min. kalt stellen. Den spülen.

3 | Inzwischen für den Belag die Zwiebeln im **5 Sek. | Stufe 5** zerkleinern. Öl zufügen und die Zwiebeln **3 Min. | 120 °C | Stufe 2** dünsten. Kohl und Kümmel zugeben und **10 Min. | 90 °C | Stufe 2** weich dünsten. Mit jeweils 1 Prise Salz und Pfeffer würzen und gleichmäßig auf dem Teig verteilen.

4 | Backofen auf 220 °C Ober-/Unterhitze vorheizen. 3 Eier, Crème fraîche, Hirtenkäse, 1 TL Salz, 2 Prisen Pfeffer sowie Muskat in den geben und **30 Sek. | Stufe 4** glatt rühren. Den Guss über das Gemüse in der Form geben und die Kartoffelscheiben leicht fächerartig darauflegen. Die Weißkohltarte im heißen Ofen 30 Min. backen. Auf einem Gitter kurz abkühlen lassen, dann mit restlichen Kräutern garniert servieren.

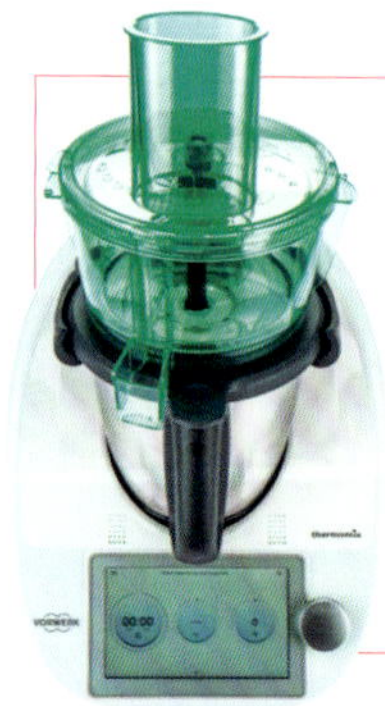

RUCK, ZUCK FERTIG

Das Hobeln der Kartoffelscheiben übernimmt für euch ab sofort der WunderSlicer® (www.zaubertopf-shop.de). Mit dem Gemüseschneider sind die Knollen in wenigen Sekunden einsatzbereit! Und auch Raspeln von Gemüse ist mit ihm ratzfatz erledigt!

LOW CARB | LOW FAT

PRO STÜCK: 244 KCAL | 7 G E | 16 G F | 19 G KH

ca. 1 Std. zzgl. 50 Min. Ruhezeit

Für 12 Stücke

Für den Teig

- 15 g Schnittlauchröllchen
- 25 g Petersilienblättchen
- 15 g Dillspitzen
- 200 g Dinkelvollkornmehl zzgl. etwas mehr zum Bearbeiten
- 80 g Butter, in Stücken, zzgl. etwas mehr zum Fetten der Form
- Salz
- 1 Ei

Für den Belag

- 2 Zwiebeln, halbiert
- 20 g natives Olivenöl extra
- 350 g Weißkohl, in feinen Streifen
- 1 TL gemahlener Kümmel
- frisch gemahlener schwarzer Pfeffer
- 3 Eier
- 200 g Crème fraîche
- 100 g Hirtenkäse, zerbröselt
- 1 Msp. frisch gemahlene Muskatnuss
- 200 g Kartoffeln, in dünnen Scheiben

Außerdem

- Tarteform (Ø 28 cm)

ALLESKÖNNER-SUPPE

LOW CARB · LOW FAT

PRO PORTION: 150 KCAL | 3 G E | 9 G F | 19 G KH

45 Min.

Zutaten für 4 Personen

- Blättchen von 4 Stielen Koriander
- 1 Zwiebel, halbiert
- 20 g Ingwer, in kleinen Stücken
- ½ rote Chilischote, entkernt
- 30 g Rapsöl
- 500 g Karotten, in Stücken
- 100 g Staudensellerie, in Stücken
- 700 g Wasser
- 1½ TL Gemüse-Gewürzpaste (s. Seite 76)
- Abrieb und Saft von 1 unbehandelten Limette
- 100 g Sojakochcreme
- 1 TL Currypulver
- ½ TL gemahlener Kreuzkümmel
- ½ TL edelsüßes Paprikapulver
- frisch gemahlener schwarzer Pfeffer
- Salz

1 | Koriander im **3 Sek. | Stufe 8** zerkleinern, umfüllen. Den spülen. Zwiebel, Ingwer sowie Chili in den geben und **5 Sek. | Stufe 5** zerkleinern. Mit dem nach unten schieben. Öl zufügen und die Zutaten ohne Messbecher **3 Min. | 100 °C | Stufe 2** andünsten.

2 | Karotten mit Sellerie dazugeben, **4 Sek. | Stufe 7** zerkleinern. Mit dem nach unten schieben und **3 Min. | 100 °C | Stufe 2** dünsten. Mit Wasser und Gewürzpaste ablöschen und alles ohne Messbecher **25 Min. | 100 °C | Stufe 2** kochen. Dabei den Garkorb als Spritzschutz aufsetzen.

3 | Limettenabrieb sowie 2 EL Saft zusammen mit der Sojakochcreme sowie den Gewürzpulvern in den geben und die Suppe **45 Sek. | Stufe 4–6–8** aufsteigend pürieren. Mit Salz, Pfeffer und Limettensaft abschmecken und servieren.

>ALLROUNDTALENT Die Suppe heißt „Alleskönner-Suppe“, da sie viele gängige Ernährungskriterien erfüllt. Sie ist vegan, laktose- sowie glutenfrei und kalorienarm – perfekt also für ein Büfett mit unterschiedlichsten Gästen.

PRO PORTION: 341 KCAL | 27 G E | 21 G F | 13 G KH

30 Min.

Zutaten für 4 Personen

- 300 g fettreduzierten Frischkäse
- 5 Eier
- Mark von 1 Vanilleschote
- 2 TL gemahlener Zimt
- 30 g Kokosmehl
- 3 EL Kokosöl
- Saft von ½ Zitrone
- 200 g Quark oder Joghurt
- 30 g Sahne
- 100 g Blaubeeren
- einige Blättchen Minze zum Garnieren

PFANNKUCHEN MIT QUARKCREME

1 | Für die Pfannkuchen Frischkäse, Eier, Vanillemark, Zimt und Kokosmehl in den geben und **20 Sek. | Stufe 3** vermengen. Etwas Kokosöl in einer Pfanne auf mittlerer Stufe erhitzen und darin nach und nach 8 gleich große Pfannkuchen backen. Diese auf einem Teller zum Abkühlen beiseitestellen. Den reinigen.

2 | Für die Creme Zitronensaft, Quark und Sahne in den geben und **10 Sek. | Stufe 3** verrühren. Anschließend etwas Creme auf einem Pfannkuchen verstreichen, mit einem weiteren abdecken und so einen Pfannkuchen-Turm schichten. Mit Blaubeeren und etwas Minze garnieren. Nach Belieben in Stücken oder als Türmchen servieren.

>**TIPP** Anstelle von Weizenmehl verwenden wir für diese Pancakes nur etwas Kokosmehl, darüber hinaus vor allem Eier und Frischkäse.

CHINAKOHL-EINTOPF MIT VEGGIE-HACK

1 | Die Hälfte vom Chinakohl in den geben, **5 Sek. | Stufe 4** zerkleinern, in eine große Schüssel umfüllen und mit dem restlichen Kohl ebenso verfahren. Zwiebel mit Knoblauch im **5 Sek. | Stufe 5** zerkleinern und mit dem nach unten schieben.

2 | Öl, Tomatenmark, Paprikapulver, Majoran, Salz sowie Pfeffer zugeben und die Zutaten ohne Messbecher **3 Min. | Varoma® | Stufe 2** dünsten. Hack, zerkleinerten Kohl sowie Wasser zufügen, mit dem verrühren und den Garkorb als Spritzschutz auf den Deckel des stellen. Alles **20 Min. | 100 °C | | Stufe 1,5** garen.

3 | Die Paprikawürfel zufügen, mithilfe des unterheben und den Eintopf weitere **5 Min. | 100 °C | | Stufe 1** zu Ende garen. Eintopf auf Tellern anrichten und mit Hirtenkäse bestreut servieren.

LOW CARB LOW FAT

PRO PORTION: 273 KCAL | 18 G E | 13 G F | 23 G KH

40 Min.

Zutaten für 4 Personen

- 600 g Chinakohl, in Stücken
- 1 Zwiebel, halbiert
- 1 Knoblauchzehe
- 20 g natives Olivenöl extra
- 90 g Tomatenmark
- 1 TL edelsüßes Paprikapulver
- 1 TL getrockneter Majoran
- 1 TL Salz
- ½ TL frisch gemahlener schwarzer Pfeffer
- 125 g Veggie-Hack (Granulat)
- 700 g Wasser
- 1 rote Paprikaschote, in Würfeln
- 120 g Hirtenkäse, zerbröselt

Leicht und schön deftig zugleich

PROTEINGNOCCHI MIT HÜTTENKÄSE UND BROKKOLI

LOW CARB LOW FAT

PRO PORTION: 385 KCAL | 43 G E | 15 G F | 16 G KH

35 Min. zzgl. 30 Min. Ruhezeit

Zutaten für 4 Personen

- 50 g Cashewkerne
- 400 g Hüttenkäse
- 30 g Schnittlauch, in Röllchen
- Saft und Abrieb von ½ unbehandelten Limette
- Salz
- frisch gemahlener schwarzer Pfeffer
- 3 Eier
- 500 g Magerquark
- 60 g Guarkernmehl
- 600 g Wasser
- 500 g Brokkoli, in Röschen
- etwas Olivenöl zum Anbraten

1 | Cashewkerne in einer Pfanne ohne Zugabe von Fett rösten. In den geben, **3 Sek. | Stufe 5** zerkleinern und umfüllen. Hüttenkäse, Schnittlauch, Limettensaft sowie -abrieb in den einwiegen und **30 Sek. | | Stufe 3** vermengen. Alles mit je 1 Prise Salz und Pfeffer abschmecken und kalt stellen. Den spülen.

2 | Eier mit Quark, 1 TL Salz, 1 Prise Pfeffer und Guarkernmehl in den geben und **30 Sek. |** zu einer glatten Masse verrühren. Umfüllen, mit einem Tuch abdecken und 30 Min. ruhen lassen. spülen.

3 | Wasser in den füllen, Brokkoli im Varoma® verteilen, diesen aufsetzen und verschließen. Brokkoli **20–25 Min. | Varoma® | Stufe 1** garen. Währenddessen den Teig nochmals durchkneten und zu kleinen Rollen formen. Davon portionsweise mit einem Messer Stücke abschneiden und diese mit einer Gabel etwas platt drücken.

4 | Reichlich Salzwasser in einem Topf zum Kochen bringen. Die Gnocchi portionsweise hineingeben und etwa 2 Min. darin garen, bis sie an der Wasseroberfläche schwimmen. Dann abschöpfen und abtropfen lassen. Anschließend in einer Pfanne in etwas Öl goldbraun braten. Die Gnocchi mit Brokkoli und Hüttenkäse auf Tellern anrichten, mit Cashewkernen bestreuen und servieren.

PRO PORTION: 243 KCAL | 19 G E | 16 G F | 7 G KH

35 Min.

Zutaten für 6 Personen

- 20 g natives Olivenöl extra zzgl. etwas mehr zum Fetten
- 1 rote Zwiebel, halbiert
- 1 Knoblauchzehe
- 250 g gemischte Pilze (z. B. Champignons, Kräuterseitlinge)
- 250 g Brokkoli, in Röschen
- 100 g Gouda, in Stücken
- 8 Eier
- 100 g Milch
- 100 g Sahne
- Blättchen von 5 Stielen Petersilie zzgl. etwas mehr zum Bestreuen
- 1 TL Salz
- ½ TL frisch gemahlener schwarzer Pfeffer

SCHNELLE PILZ-FRITTATA VOM BLECH

1 | Den Backofen auf 180 °C Umluft vorheizen. Ein Backblech mit etwas Öl fetten. Zwiebel und Knoblauch in den geben und **5 Sek. | Stufe 5** zerkleinern. Mit dem nach unten schieben. Olivenöl und Pilze zugeben und ohne Messbecher **4 Min. | 120 °C | | Stufe 1** andünsten. Mit dem Brokkoli auf das Blech geben und abkühlen lassen. Den kalt ausspülen.

2 | Gouda im **8 Sek. | Stufe 8** zerkleinern. Eier, Milch, Sahne, Petersilie, Salz sowie Pfeffer hinzufügen, **30 Sek. | Stufe 5** vermengen. Den Guss über das Gemüse geben, die Frittata im Ofen ca. 25 Min. backen. Dann herausholen und mit Petersilie bestreut servieren.

GRÜNES WUNDER

Brokkoli beeinflusst unser Immunsystem positiv: Mit seiner antioxidativen Wirkung schützt er unsere Zellen vor Schädigungen, die unsere Abwehr schwächen könnten. Deshalb – und weil sie so lecker, abwechslungsreich und leicht zuzubereiten sind – gehören Brokkoli und andere Kohlsorten regelmäßig auf unseren Speiseplan!

SO WERDET IHR FIT

Wer Sport treibt, hat einen höheren Bedarf an Proteinen. In vielen Fachgeschäften und Supermärkten könnt ihr sogenannte High-Protein-Lebensmittel kaufen. Mit eurem Thermomix® könnt ihr vieles aber einfach, kostengünstiger und schnell selbst mixen. So wisst ihr genau, was drinsteckt und könnt sicher sein: keine Zusatzstoffe, alles natürlich und gewohnt lecker.

FITNESS

Mit Spaß zum Wunschgewicht!

Lukas ist nicht nur unser Spezialist für Ernährung und Rezepte – als Fitnesstrainer und Sportler weiß er auch, wie ihr eure Ziele erreicht

BEWEGUNG TUT GUT

Dass eure Gesundheit von Bewegung profitiert und Sport euch beim Abnehmen hilft, ist kein Geheimnis. Aber: Zwingt euch nicht zu irgendwelchen Aktivitäten, die ihr eigentlich nicht mögt! Sucht euch eine Bewegungsform, die euch wirklich Spaß macht. Ihr müsst nicht täglich ins Fitnessstudio, aber es geht um routinemäßige Bewegung. Denn wenn ihr euch regelmäßig bewegt, verbraucht ihr mehr Energie und fördert so das Muskelwachstum. Und mehr Muskulatur führt automatisch zu einem dauerhaft erhöhten Kalorien-Grundumsatz, auch im Ruhezustand.

WAS SIND PROTEINE?

Proteine – oder Eiweiße – sind kleine Bausteine unseres Körpers. Sie sind wichtig für:

- Wachstum und Reparatur von Zellen
- Muskelaufbau
- Bildung von Geweben, Enzymen und Hormonen, etwa für die Immunabwehr

In Verbindung mit Sport könnt ihr euren Körper mit einer erhöhten Eiweißzufuhr beim Aufbau und Erhalt genau dieser Strukturen unterstützen.

PROTEINSHAKE

Für einen Proteinshake den Rühraufsatz in den einsetzen, 250 g Milch oder Buttermilch mit 30 g Proteinpulver in den geben, **2 Min. | Stufe 4** aufschlagen. Für eine noch cremigere Konsistenz, fruchtigen Geschmack und Farbe könnt ihr zusätzlich eine Banane oder gefrorene Früchte dazugeben. Tolle Ideen findet ihr unter www.zaubertopf-club.de

Top-5-Lebensmittel

1 MAGERQUARK

Geringer Fettanteil, wenig Kalorien, kaum Kohlenhydrate, dafür ein sehr hoher Proteingehalt – die ideale Zutat für ein sättigendes Frühstück, gesundes Gebäck oder einen Snack zwischendurch.

2 HAFERFLOCKEN

Ganz oder gemahlen eine gehaltvollere Alternative zu gewöhnlichem hellem Weizenmehl. Gute Energie-, Protein- und Ballaststoffquelle.

3 KÖRNIGER FRISCHKÄSE

Viel Eiweiß und wenig Kalorien – perfekt zum Verfeinern von herzhaften Gerichten und auch als Brotaufstrich top.

4 MILCH ODER SOJADRINK

Beide enthalten ungefähr gleich viel Eiweiß und sind vielseitig einsetzbar, zum Beispiel im Porridge, Proteinshake oder in Pancakes.

5 BANANEN UND TK-OBST

Eine Banane vor dem Training liefert schnell Energie und ist die perfekte Basis für Teige oder Nicecream. Gefrorene Früchte machen sich toll in Shakes, Smoothies oder Bowls.

Menu
00 00
0

FÜR DEN KLEINEN HUNGER

Leckere Knabbereien gegen den Heißhunger – hier könnt ihr bedenkenlos zugreifen und genießen

MOZZARELLA-CHIPS MIT LACHSDIP

1 | Für den Dip den Räucherlachs mit Frischkäse, Sahne und Currypulver in den geben und **15 Sek. | Stufe 4** cremig pürieren. Den Dip umfüllen und kalt stellen. Den spülen und trocknen.

2 | Den Backofen auf 240 °C Umluft vorheizen. Ein Backblech mit Backpapier belegen. Für die Chips Mandeln und Leinsamen in den geben und **12 Sek. | Stufe 7** mahlen. Anschließend umfüllen. Rosmarin in den geben, **2 Sek. | Turbo** zerkleinern und umfüllen.

3 | Den Mozzarella in den geben und **3 Sek. | Stufe 5** zerkleinern. Mit dem nach unten schieben, **5 Min. | 80 °C | Stufe 2** schmelzen. Rosmarin, Mandel-Leinsamen-Mix und Gewürze zufügen, **30 Sek. | Stufe 3** zu einer Masse vermengen.

4 | Masse zwischen Backpapier 2–3 mm dünn ausrollen. In kleine Dreiecke schneiden, auf das Blech legen und im Ofen ca. 15 Min. goldbraun backen. Vom Blech nehmen und auskühlen lassen. Mit dem Lachsdip servieren.

>ZUM KINOABEND Ihr habt Lust auf Chips? Nichts leichter als das! Für diese Chips schmelzen wir Mozzarella und mischen Mandeln sowie Leinsamen darunter. Diese Kombi macht die Cracker zur idealen Alternative zu kohlenhydratreichen Tortillachips.

LOW CARB | LOW FAT

PRO PORTION: 584 KCAL | 31 G E | 48 G F | 4 G KH

30 Min.

Zutaten für 4 Personen

Für den Dip

- 60 g Räucherlachs, in Stücken
- 200 g Frischkäse
- 2 EL Sahne
- 1 TL Currypulver

Für die Chips

- 120 g Mandeln
- 1 EL Leinsamen
- Nadeln von 1 Zweig Rosmarin
- 250 g Mozzarella, in Stücken
- ½ TL Knoblauchpulver
- 1 TL edelsüßes Paprikapulver
- ¼ TL Salz
- ¼ TL frisch gemahlener schwarzer Pfeffer

ENERGY BALLS MIT INGWER

PRO STÜCK: 70 KCAL | 5 G E | 4 G F | 4 G KH

10 Min. zzgl. 1 Std. Ruhezeit
Zutaten für 16 Stück

- 2 cm Ingwer
- 50 g Kokosmehl zzgl. etwas mehr zum Bearbeiten
- 50 g Mandelmehl
- ½ TL Ingwerpulver
- 1 Prise frisch gemahlener schwarzer Pfeffer
- 2 TL Kurkumapulver
- 2 EL Milch zzgl. etwas mehr zum Bearbeiten
- 60 g Cashewmus
- 4 EL Erythrit
- 2½ EL Kokosöl
- 50 g neutrales Proteinpulver
- 4 EL Kokosraspel

1 | Den Ingwer in den Mixtopf geben und **3 Sek. | Stufe 8** zerkleinern. Restliche Zutaten bis auf Kokosraspeln zugeben und **20 Sek. | Stufe 6** zu einer geschmeidigen, homogenen Masse verarbeiten. Bei Bedarf noch etwas Kokosmehl oder Milch einarbeiten. Umfüllen und etwa 30 Min. kühl stellen.

2 | Jeweils 1–2 EL von der Masse abnehmen, zu etwa 3 cm großen Bällchen formen und in den Kokosraspeln wälzen. Die Kugeln vor dem Servieren nochmals ca. 30 Min. kühl stellen.

>HEISSHUNGER ADE Die aromatische Ingwerwurzel heizt dem Körper mit seinen Scharfstoffen Gingerol und Shoagolen richtig ein. Dadurch nimmt der Kalorienverbrauch zu, Heißhunger kommt gar nicht erst auf. Gute Fette und Eiweiß, in Form von Cashewmus und Proteinpulver, sorgen für ein langanhaltendes Sättigungsgefühl und der Blutzuckerspiegel bleibt konstant.

MÜSLIRIEGEL

PRO STÜCK: 179 KCAL | 4 G E | 11 G F | 18 G KH

30 Min.
Zutaten für 10 Riegel

- 60 g Mandeln
- 80 g zarte Haferflocken
- 30 g Sesam
- 30 g Amaranth
- 100 g Agavendicksaft
- 50 g Kokosöl
- 20 g Kakaopulver
- 1 Prise Salz

Außerdem
- rechteckige Backform (ca. 20 × 15 cm)

1 | Den Backofen auf 170 °C Ober-/Unterhitze vorheizen. Die Backform mit Backpapier auslegen.

2 | Die Mandeln in den geben und **8 Sek. | Stufe 6** zerkleinern. Die restliche Zutaten dazugeben und **10 Sek. | Stufe 6** miteinander vermengen.

3 | Die Masse mithilfe des ca. 1 cm dick auf dem vorbereiteten Blech verteilen und ca. 20 Min. im vorgeheizten Ofen backen. Nach dem Backen direkt in 10 Riegel schneiden und auskühlen lassen.

Die geben Power!

GEFÜLLTE MINI-PAPRIKA AUS 3 ZUTATEN

LOW CARB LOW FAT

PRO PORTION: 338 KCAL | 15 G E | 28 G F | 8 G KH

30 Min.

Zutaten für 4 Personen

- 200 g Feta, in Stücken
- 200 g Ziegenfrischkäse
- 1 Prise Salz
- frisch gemahlener schwarzer Pfeffer
- 16 Mini-Paprikaschoten, längs halbiert
- 500 g Wasser

1 | Den Feta in den Mixtopf geben und **5 Sek. | Stufe 5** zerkleinern. Frischkäse, Salz sowie 2 Prisen Pfeffer zufügen und **15 Sek. | Stufe 4** vermengen. Die Mini-Paprikaschoten mit der Frischkäse-Feta-Masse füllen, im Varoma® sowie auf dem Einlegeboden verteilen.

2 | Wasser in den Mixtopf füllen, den Varoma® geschlossen aufsetzen und die Mini-Paprika **15 Min. | Varoma® | Stufe 1** dämpfen.

3 | Den Varoma® absetzen. Die gefüllten Paprika mit etwas Pfeffer bestreuen und sofort servieren.

RUCK, ZUCK FERTIG

Häufig findet man gefüllte Paprika fix und fertig im Kühlregal. Viel leckerer sind die Antipasti aus Paprikaschoten, Feta und Frischkäse allerdings, wenn ihr sie selbst zubereitet. Das geht ratz, fatz – versprochen!

WASSERMELONEN-SORBET

LOW CARB LOW FAT

PRO PORTION: 61 KCAL | 1 G E | 0 G F | 13 G KH

15 Min. zzgl. 4 Std. Ruhezeit
Zutaten für 4 Personen

- 250 g Xylit
- 250 g Wasser
- 600 g Wassermelone, in Stücken
- Saft und Zesten von 1 unbehandelten Zitrone
- 1 EL Rosenwasser
- unbehandelte Rosenblütenblätter zum Garnieren

1 | Xylit mit Wasser in den Mixtopf geben und ohne Messbecher **5 Min. | 100 °C | Stufe 1** aufkochen, dabei den Garkorb als Spritzschutz aufsetzen. Umfüllen und abkühlen lassen.

2 | Wassermelone, den abgekühlten Sirup, den Zitronensaft sowie das Rosenwasser in den Mixtopf füllen und **1 Min. | Stufe 6–10** aufsteigend pürieren. Die Sorbetmasse in ein gefrierfestes Gefäß umfüllen, verschließen und 4 Std. ins Gefrierfach stellen. Dabei etwa alle 30 Min. mit einer Gabel kräftig umrühren.

3 | Zum Servieren das Sorbet in Gläsern anrichten, mit Zitronenzesten und Rosenblütenblättern garnieren und servieren.

LOW CARB LOW FAT

PRO STÜCK: 265 KCAL | 17 G E | 20 G F | 5 G KH

25 Min.

Zutaten für 4 Stück

- Blättchen von 8 Stielen Basilikum
- 60 g Parmesan, in Stücken
- 150 g Quark
- 2 Eier
- 1 EL Leinsamenmehl
- 2 EL Mandelmehl
- 1 TL Backpulver
- 80 g Milch
- etwas Rapsöl zum Fetten

Außerdem

- Waffeleisen

PARMESANWAFFELN

1 | Basilikum in den Mixtopf geben, **3 Sek. | Stufe 8** zerkleinern und umfüllen. Den Parmesan in den Mixtopf geben und **10 Sek. | Stufe 8** zerkleinern. Den Quark mit den Eiern, Leinsamenmehl, Mandelmehl, Backpulver, Milch und Basilikum zugeben und **20 Sek. | Stufe 3,5** glatt rühren. Bei Bedarf etwas mehr Milch zugeben.

2 | Waffeleisen vorheizen und mit etwas Öl bepinseln. Den Teig im heißen Waffeleisen portionsweise jeweils 3–4 Min. ausbacken.

>PROTEINPOWER Dank Quark, Eiern, Mandelmehl und Parmesan steckt in diesen Waffeln eine ordentliche Portion Proteine – und die tun eurem Körper richtig gut! Das Eiweiß macht satt und bewahrt euch dadurch vor Heißhungerattacken.

VOLLES AROMA

Kauft Parmesan am Stück – der Hartkäse entfaltet seinen Geschmack am besten, wenn er frisch gerieben wird. Euer Thermomix® braucht für das feine Zerkleinern nur 10 Sekunden.

HEALTHY COOKIE DOUGH

PRO PORTION: 277 KCAL | 10 G E | 7 G F | 48 G KH

10 Min.

Zutaten für 8 Personen

- 40 g Mandeln
- 60 g Haferflocken
- 520 g Kichererbsen (Dose), abgetropft
- 120 g Datteln
- 2 EL Ahornsirup
- 120 g Erythrit
- 1 Prise Salz
- Mark von 1 Vanilleschote
- 100 g Sojadrink
- 5 vegane Kekse (z. B. Karamell- oder Haferkekse), zerbröselt
- 150 g getrocknete Kirschen
- 200 g Soja-Joghurtalternative

Naschen erlaubt!

1 | Mandeln mit Haferflocken in den geben, **10 Sek. | Stufe 10** mahlen. Kichererbsen, Datteln, Sirup, Erythrit, Salz, Vanillemark sowie Sojadrink zufügen und **10 Sek. | Stufe 8** pürieren. Mit dem nach unten schieben und den Vorgang wiederholen.

2 | Kekse, Kirschen und Joghurt zugeben, **10 Sek. | Stufe 3** untermengen. Den Cookie-Dough zu Kugeln formen und servieren.

>ROHER TEIG? Keksteig roh naschen – das ist ein Snack-Trend aus den USA. Dort werden Teigstücke gern in Eiscreme eingerührt oder auch mal roh genascht. Wichtig ist für den Konsum roher Teigwaren, dass sie ohne Ei zubereitet werden. Wir verwenden zudem statt Weizenmehl gemahlene Haferflocken und Mandeln, außerdem süßen wir mit Trockenobst, Ahornsirup und Erythrit statt mit reichlich Zucker.

ERYTHRIT

Der Zuckerersatz Erythrit hat nicht die gleiche Süßkraft wie Zucker (etwa 70 Prozent), aber einen ähnlichen Geschmack. Mit null Kohlenhydraten und nur 20 Kalorien pro 100 Gramm ist er eine der wichtigsten Zuckeralternativen, wenn ihr Gewicht reduzieren möchtet.

SKYR-FRUCHT-DESSERT

PRO PORTION: 230 KCAL | 20 G E | 8 G F | 24 G KH

15 Min. zzgl. 45 Min. Ruhezeit

Zutaten für 4 Personen

- 1 Eiweiß
- 1 Prise Salz
- 500 g Skyr
- 40 g Xylit
- 300 g Beerenmischung (TK), aufgetaut
- 60 g Mandelblättchen

1 | Eiweiß mit Salz im **1 Min. | Stufe 4** steif schlagen, umfüllen. Skyr mit 20 g Xylit in den geben und **1 Min. | Stufe 2** verrühren. Eischnee mit dem unterheben, die Creme umfülllen.

2 | Die Beeren und den übrigen Xylit in den geben und **5 Sek. | Stufe 8** zerkleinern. Mit dem nach unten schieben und den Vorgang wiederholen. Die Beeren mit der Creme abwechselnd in Gläser schichten und 45 Min. kalt stellen.

3 | Kurz vor dem Servieren die Mandelblättchen in einer Pfanne ohne Fettzugabe goldbraun rösten. Das Dessert mit den Mandeln bestreuen und servieren.

EISCHNEE

Für einen perfekten Eischnee muss der sauber und fettfrei sein. Beachtet, dass ihr den Rühraufsatz nur bis maximal Stufe 4 verwenden dürft, sonst besteht die Gefahr, dass er sich vom Mixmesser löst.

ZAUBERGRIEß

PRO PORTION: 310 KCAL | 20 G E | 17 G F | 19 G KH

20 Min. zzgl. 1 Std. Ruhezeit
Zutaten für 4 Personen

- 30 g Weichweizengrieß
- 40 g Mandelmehl
- 800 g fettarme Milch
- 20 g Xylit
- 300 g Quark
- 1½ TL Backpulver
- Obst nach Belieben (z. B. Granatapfelkerne)

1 | Den Rühraufsatz einsetzen. Grieß, Mandelmehl, Milch und Xylit in den geben und **5 Sek. | Stufe 4** vermengen, anschließend **11 Min. | 90 °C | Stufe 3** erhitzen. Mind. 1 Std. im auskühlen lassen.

2 | Dann Quark und Backpulver zufügen, alles **5 Min. | Stufe 4** aufschlagen und mit Obst servieren.

>DAS GEHEIMNIS ZauberGrieß ist deswegen so „zauberhaft", weil er anders als herkömmlicher Grießbrei kohlenhydratarm zubereitet wird und dabei genauso wunderbar cremig und süß ist wie der Klassiker. Wie das funktioniert? Üblicherweise braucht ihr recht viel kohlenhydratreichen Grieß, der in der Milch quillt und dann ein tolles Volumen gibt. Hier verwendet ihr eine kleinere Menge an Grieß sowie etwas Mandelmehl. Durch das Backpulver erreicht ihr das übliche Volumen.

GEGEN HEIßHUNGER

Mit diesen cleveren SOS-Tricks besiegt ihr den kleinen Appetit auf Süßes oder Salziges

Gesund snacken

SALZIGE SNACKS AUS GEMÜSE

Die Lust auf salzige Chips und Nüsse kann gesünder besiegt werden: mit leckeren Dips! Ob mit Roter Bete, Avocado für eine Guacamole, Kichererbsen für Hummus, mit Quark oder verführerischem Cashewmus – mit dem Thermomix® habt ihr im Nu die perfekten cremigen Dips zubereitet. Meist reicht es, alle Zutaten in den zu geben und wenige Sekunden später ist der Dip fertig. Probiert Rohkoststicks (Karotte, Gurke, Kohlrabi etc.) dazu!

NÜSSE & KERNE ZUM KNABBERN

- > Chiasamen
- > Haselnüsse
- > Kürbiskerne
- > Macadamia
- > Mandeln
- > Paranüsse
- > Pekannüsse
- > Pinienkerne
- > Sonnenblumenkerne
- > Walnüsse

LUST AUF SÜSSES?

Die Lösung lautet: Banane mit selbst gemixtem Mandelmus (siehe Seite 13). Kaum eine Frucht enthält so viel Zucker wie die Banane. Doch im Vergleich zu einem Schokoriegel steht sie noch bedeutend besser da. In Kombination mit einem kleinen Klecks Mandelmus ist es eine leckere Nascherei – aber mit deutlich weniger Zucker und Kalorien.

SCHOKOLADEN-JIEPER

Manchmal muss es einfach ein Stück Schoki sein! Hier gilt: Je höher der Kakaoanteil, desto weniger Zucker ist enthalten. Weiteres Plus: Der extrahohe Kakaoanteil befriedigt die Geschmacksnerven viel schneller und vertreibt euer Verlangen nach Süßem.

Darf auch mal sein

BEWUSST ESSEN

Habt ihr wirklich Hunger? Esst nur dann und esst bewusst. Also nicht vor dem Fernseher, sondern am Tisch, mit Konzentration auf Geschmack, Texturen und Aromen – nehmt jeden Bissen aufmerksam wahr.

Zuckerfreier Genuss

GETRÄNKE MIT PFIFF

Ihr habt ab und an Lust auf Limonaden und Säfte? Das kennen wir auch nur allzu gut, doch unnötigen Zucker wollen wir vermeiden!
Viel besser sind Wasser, Tee oder Eistee! Für Abwechslung sorgt auch Infused Water: Wasser in eine Karaffe füllen und mit frischen Kräutern, Gemüse oder Früchten nach Wahl aromatisieren.

FÜR EISTEE morgens einfach 1 Liter Wasser mit 7–8 Beuteln Tee oder 2 EL losem Tee aufkochen, über den Tag abkühlen lassen und über Nacht in den Kühlschrank stellen. Dann bei Bedarf für 1 Glas 200 g Eis in den [Mixtopf] geben, crushen und in ein Glas geben. 200 g kalten Früchtetee darübergießen und genießen.

CRUSHED ICE
Für gesunde Erfrischungsgetränke im Sommer:

200–400 g Eiswürfel
10–15 SEK. | STUFE 6

SÜßER NACHMITTAG

So sieht Genuss aus! Köstliche Nachspeisen und Gebäck zaubert ihr mit dem Thermomix® wirklich ganz leicht

LOW FAT APFEL-DINKEL-TARTE

1 | Walnüsse in den geben, **3 Sek. | Stufe 5** zerkleinern, umfüllen. Mehl, Zucker, Leinsamen, Quark, Ei und Wasser in den geben, **2 Min. |** verkneten. Den Teig in Frischhaltefolie wickeln und 30 Min. kalt stellen. Den spülen.

2 | Äpfel in eine große Schüssel geben und mit dem Zitronensaft, gehackten Walnüssen sowie Zimt vermischen. Honig mit Paniermehl in den geben, **2 Min. | 65 °C | Stufe 1** erwärmen. Den Backofen auf 180 °C Ober-/Unterhitze vorheizen.

3 | Den Teig auf einen bemehlten Bogen Backpapier geben und nach Belieben ausrollen. Vorsichtig auf das Backblech legen, die Apfelmischung darauf verteilen und die Honigbrösel darübergeben. Dabei rundherum ein Stück Rand frei lassen und diesen dann über die Füllung nach innen einschlagen. Tarte ca. 30 Min. backen. Herausnehmen, etwas abkühlen lassen und servieren.

>KNUSPERTEIG Im Mürbeteig ersetzen wir hier die übliche Butter durch Quark. Dadurch spart ihr reichlich Fett. Stattdessen geben wir einige Nüsse in die Füllung, sie enthalten zwar Fette, aber gesunde! Darüber hinaus enthalten Nüsse wertvolle Vitamine wie Vitamin B und E sowie Mineralstoffe – sie alle stärken euer Immunsystem und fördern Stoffwechselprozesse. Euer Körper kommt in Gang, das hilft auch beim Abnehmen!

LOW CARB LOW FAT

PRO STÜCK: 182 KCAL | 6 G E | 4 G F | 31 G KH

1 Std. zzgl. 30 Min. Ruhezeit

Zutaten für 12 Stücke

- 50 g Walnüsse
- 250 g Dinkelmehl Type 630 zzgl. etwas mehr zum Bearbeiten
- 50 g Rohrohrzucker
- 1 EL Leinsamen
- 125 g Quark
- 1 Ei
- 50 g Wasser
- 4 Äpfel (à ca. 150 g), in feinen Scheiben
- 2 EL Zitronensaft
- 1 TL gemahlener Zimt
- 3 EL Honig
- 2 EL Vollkornpaniermehl

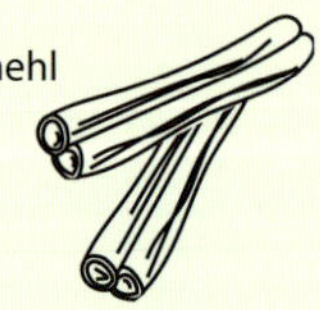

LOW FAT NEW YORK CHEESECAKE

LOW CARB LOW FAT

PRO PORTION: 278 KCAL | 22 G E | 7 G F | 31 G KH

35 Min.

Zutaten für 4 Gläser à 300 ml

- 25 g Mandeln
- 65 g kernige Haferflocken
- 1 EL gepuffte Quinoa
- 1½ EL Sonnenblumenkerne
- 25 g Ahornsirup
- 1 TL Kokosöl
- 1 Prise Salz
- 350 g fettarmer Joghurt
- 350 g Magerquark
- Mark von 1 Vanilleschote
- 200 g Erdbeeren
  zzgl. einige mehr zum Garnieren
- 1 EL Zitronensaft

1 | Ofen auf 180 °C Ober-/Unterhitze vorheizen. Ein Blech mit Backpapier auslegen. Für den Knusperboden Mandeln in den Mixtopf geben, **6 Sek. | Stufe 5** zerkleinern und mit dem Spatel nach unten schieben.

2 | Haferflocken, Quinoa, Sonnenblumenkerne, Ahornsirup, Kokosöl sowie Salz zufügen und **30 Sek. | Linkslauf | Stufe 2** vermischen. Auf das Backblech geben und auf der mittleren Schiene 10–15 Min. backen. Zwischendurch wenden, damit die Granola-Mischung gleichmäßig braun wird. Inzwischen den Mixtopf spülen.

3 | Für die Creme den Joghurt mit Quark sowie Vanillemark in den Mixtopf einwiegen, **20 Sek. | Stufe 3** cremig rühren und in eine Schüssel umfüllen. Den Mixtopf reinigen.

4 | Erdbeeren mit Zitronensaft in den Mixtopf geben, **5 Sek. | Stufe 5** zerkleinern und mit dem Spatel nach unten schieben. Die Erdbeeren **5 Min. | 80 °C | Stufe 2,5** erhitzen. Die Erdbeersoße umfüllen und etwas abkühlen lassen.

5 | Das abgekühlte Granola auf vier Gläser verteilen, die Creme einfüllen und mit der Soße einen Swirl erzeugen. Mit Erdbeeren garnieren und mit übriger Erdbeersoße servieren.

BANANENMUFFINS

PRO STÜCK: 124 KCAL | 5 G E | 2 G F | 23 G KH

30 Min.

Zutaten für 12 Stück

- 3 Bananen, in Stücken, zzgl. 1 Banane in Scheiben
- 120 g Sojadrink
- 20 g Honig
- 3 Eier
- 100 g Dinkelmehl Type 630
- 100 g Dinkelvollkornmehl
- 1 TL gemahlener Zimt
- 1 TL Vanilleextrakt
- 2 TL Backpulver

Außerdem

- 12er-Muffinblech
- 12 Papierförmchen

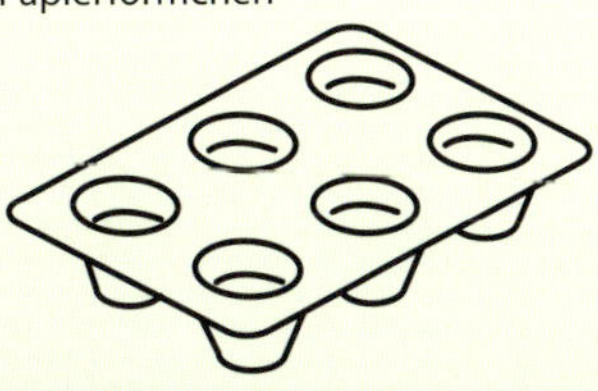

1 | Backofen auf 180 °C Ober-/Unterhitze vorheizen. Das Muffinblech mit den Papierförmchen auslegen. Alle Zutaten bis auf die Banane in Scheiben in den Mixtopf geben und **30 Sek. | Stufe 4** vermengen.

2 | Den Teig gleichmäßig auf die Förmchen verteilen. Je eine Bananenscheibe auf den Teig legen und die Muffins im vorgeheizten Backofen 15–20 Min. backen. Muffins auf einem Kuchengitter auskühlen lassen und servieren.

ZUCKERFREI

Wir verwenden hier keinen raffinierten Zucker, sondern nur 20 g Honig zum Süßen des Gebäcks. Ihr könnt ihn durch Agavendicksaft ersetzen oder ganz weglassen, denn die Bananen geben dem Gebäck schon eine milde Süße.

LOW-CARB-„FANTA"-KUCHEN

PRO STÜCK: 363 KCAL | 10 G E | 31 G F | 17 G KH

50 Min. zzgl. 3 Std. Ruhezeit

Zutaten für 1 Backblech à 16 Stücke

- 50 g gefriergetrocknete Früchte (z. B. Erdbeeren, Himbeeren oder Ananas)
- 200 g Mandeln
- 5 Eier
- 200 g Xylit zzgl. 1 EL
- 90 g Mandelmehl
- 90 g Kokosmehl
- 2 TL Guarkernmehl
- 2 Pck. Backpulver
- 150 g Rapsöl
- 250 g Orangenlimonade ohne Zucker
- 400 g Sahne
- 200 g Schmand
- Mark von 1 Vanilleschote

1 | Backofen auf 180 °C Ober-/Unterhitze vorheizen. Ein Backblech mit Backpapier auslegen. Die gefriergetrockneten Früchte in den geben, **4 Sek. | Stufe 5** zerkleinern und umfüllen. Die Mandeln in den geben, **12 Sek. | Stufe 7** mahlen und ebenfalls umfüllen.

2 | Eier mit Xylit in den geben und **1 Min. | Stufe 4** schaumig schlagen. Gemahlene Mandeln, Mandel-, Kokos- und Guarkernmehl, Backpulver sowie Rapsöl zufügen, **20 Sek. | Stufe 4,5** verrühren.

3 | Limonade zugeben, **20 Sek. | Stufe 3** vermischen. Teig auf dem Backblech verstreichen, 25–30 Min. backen, dann etwa 2 Std. abkühlen lassen. Den spülen. Rühraufsatz in den einsetzen. Sahne in den geben, **ohne Zeiteinstellung | Stufe 3,5** unter Sichtkontakt steif schlagen. Rühraufsatz entfernen. Schmand, Vanillemark sowie 1 EL Xylit in einer Schüssel glatt rühren, Sahne zugeben, unterheben.

4 | Die Schmandsahne auf den abgekühlten Kuchen streichen und mind. 1 Std. kalt stellen. Den Kuchen vor dem Servieren mit den zerkleinerten Früchten bestreuen.

>KOKOS & CO. Hier kommen keine Mehle aus Getreide zum Einsatz, sondern wir backen mit Kokos- und Mandelmehl! Kokosmehl wird aus dem entölten Fruchtfleisch der Kokosnuss hergestellt und verleiht dem Kuchen sommerlich-frischen Geschmack. Mandelmehl passt mit seiner an Marzipan erinnernden Note zu Keksen, Kuchen oder Pfannkuchen.

PRO STÜCK: 77 KCAL | 2 G E | 7 G F | 3 G KH

- **20 Min.** zzgl. 30 Min. Ruhezeit
- **Zutaten für 35 Stücke**

- 40 g zuckerfreie Schokolade, in Stücken
- 150 g kalte Butter, in Stücken
- 200 g Mandelmehl
- 60 g Xylit
- 1 Ei
- 30 g Wasser

Nur 6 Zutaten

COOKIES MIT SCHOKODROPS

1 | Die Schokolade im Mixtopf **4 Sek. | Stufe 6** zerkleinern und umfüllen. Restliche Zutaten in den Mixtopf geben, **20 Sek. | Stufe 5** verrühren. Die Schokolade zugeben und **10 Sek. | Stufe 4** unterkneten. Den Teig zu einem Strang (Ø ca. 5 cm) formen, in Frischhaltefolie wickeln und für 30 Min. kalt stellen.

2 | Den Backofen auf 180 °C Ober-/Unterhitze vorheizen und ein Backblech mit Backpapier belegen. Den Teigstrang in ca. 7 mm dicke Scheiben schneiden und diese auf das Backblech legen. Cookies im heißen Ofen ca. 10 Min. backen. Vollständig auskühlen lassen und dann servieren.

> **VARIANTE** Ihr könnt die Cookies auch mit gehackten Mandeln anstelle von Schokolade zubereiten. Dafür 40 g Mandeln im Mixtopf **3 Sek. | Stufe 7** zerkleinern und zum Teig geben.

ZERO ZUCKER

Mit diesen cleveren Alternativen, die wirklich schmecken, kommen auch Süßschnäbel voll auf ihre Kosten

Naschen erlaubt!

WAS BEDEUTET EIGENTLICH ZUCKERFREI GENIESSEN?

Eins ist schon mal klar: Ohne eine süße Komponente schmecken Kuchen & Co. nicht so, wie sie sollen und wir sie lieben. Zuckeralternativen haben einen großen Vorteil: Im Gegensatz zu Haushaltszucker bestehen sie nicht nur aus „leeren" Kalorien. Der Insulinspiegel bleibt gleich und unterliegt keinen Schwankungen: Und ihr habt keine Heißhungerattacken.

ALTERNATIVEN

Ihr könnt die Menge von Haushaltszucker in Rezepten entweder reduzieren oder auch komplett ersetzen:

100 GRAMM ZUCKER
LASSEN SICH ERSETZEN DURCH:

- 100–120 g Kokosblütenzucker
- 110–120 g Kokosblütensirup
- 10 g Zuckerersatz mit Steviakonzentrat
- 120–140 g Ahornsirup oder Honig
- 100 g pürierte Trockenfrüchte (Pflaumen, Datteln)
- 100–120 g reife, zerdrückte Bananen
- 100–120 g Apfelmark oder geriebene Äpfel

TIPP Bei der Verwendung von Sirup, Mus, Bananen- oder Apfelmark muss die Flüssigkeitsmenge im Teig um ein Viertel reduziert werden. Ist der Teig zu fest, einfach mehr Flüssigkeit hinzufügen, ist er zu flüssig, mehr Mehl unterrühren. Je nach Ersatz ändert sich die Konsistenz des Teiges und natürlich auch, etwa bei Bananen, der Geschmack.

ZUCKERFREIE BACKZUTATEN EINFACH SELBST MACHEN

MARZIPAN

60 g Erythrit im **20 Sek. | Stufe 10** pulverisieren. Dann 100 g gemahlene Mandeln, 30 g Mandelmus, 1 EL Rosenwasser, 4 Tropfen Bittermandelaroma und nach Bedarf 1 EL Wasser mit in den geben und **1 Min. | Stufe 5** verkneten. In Frischhaltefolie wickeln. Das zuckerfreie Marzipan ist im Kühlschrank 4 Wochen haltbar.

PUDDINGPULVER

Für 1 Glas à 400 ml: 120 g Mandelmehl, 280 g Erythrit, 1 TL Guarkernmehl, 1 TL Agar Agar und Mark von 1 Vanilleschote in den geben, **10 Sek. | Stufe 6** vermengen. Für 500 g Milch ein Viertel der Puddingpulvermischung verwenden.

SCHOKOGLASUR

25 g Kakaobutter mit 1½ EL Kokosöl in den geben und **3 Min. | 50 °C | Stufe 2** erhitzen. 1½ EL Kakaopulver, 1 Msp. Vanille und 1 EL Reissirup einrühren. Leicht abkühlen lassen und zum Glasieren von Kuchen und Gebäck verwenden. Der zuckerfreie Kakaoüberzug ergibt etwa 50 g und reicht für einen Kuchen.

PUDERZUCKER UND ZUCKERGUSS

Für Puderzucker 200 g Erythrit in den geben und **30 Sek. | Stufe 10** pulverisieren. Achtet darauf, dass der sauber und fettfrei ist. Für Zuckerguss noch 1 Eiweiß sowie 1 TL Zitronensaft zufügen und **10 Sek. | Stufe 6** vermengen.

ZUCKERERSATZ

> **STEVIA** enthält kaum Kalorien und Kohlenhydrate und wirkt sich nicht auf den Insulinspiegel aus. Aber: Er ist bis zu 300-mal süßer als Zucker und leicht bitter.

> **XYLIT** kann Kristallzucker 1:1 ersetzen. Es schmeckt etwas neutraler als Erythrit, dafür ist er nicht ganz so gut verträglich. Vorteil: Er schützt sogar die Zähne.

> **ERYTHRIT** hat nicht die gleiche Süßkraft wie Zucker (etwa 70 %), schmeckt aber sehr ähnlich. Erythrit enthält nur 20 kcal pro 100 g. Doch Achtung: In größerer Menge kann er abführend wirken.

Extra-Wissen

VITAMINE SATT: SMOOTHIES

„Alle Zutaten in den Mixtopf geben und Sekunden später habt ihr herrlich cremige Smoothies für einen Vitaminkick", schwärmt Redakteurin Svenja

GUT VORBEREITET

Eure Smoothies solltet ihr immer frisch zubereiten! Bei längerem Stehen gehen nicht nur die fluffige Konsistenz, sondern auch Vitamine und Nährstoffe verloren. Ein toller Trick ist es, sich vorab die Zutaten wie z. B. Obststücke sowie Nüsse in Beutel abzufüllen und ggf. einzufrieren. Diese könnt ihr nach Bedarf entnehmen, in den geben, Flüssigkeit zufügen und losmixen.

EXTRACREMIG

Die leckersten Smoothies haben eins gemein – ihre cremige Konsistenz! Diese ist kein Hexenwerk und gelingt euch mit dem Thermomix® garantiert. Ihr braucht dafür lediglich Eiswürfel, Avocado oder eingeweichte Cashewkerne. Alternativ eignet sich auch Nussbutter.

MUT ZUR WÜRZE

Für einen guten Smoothie braucht es oft nicht mehr als ein bisschen Mut, Kreativität und hochwertige Zutaten. Allein durch feine Gewürze könnt ihr eurem Lieblingsrezept einen frischen, aufregenden Kick geben. Experimentiert bei der Auswahl ruhig und verwendet auch mal Chili, Ingwer oder Pfeffer. Toll schmecken auch Basilikum, Chai-Gewürz, Kardamom, Koriander, Kurkuma, Limettensaft, Minze, Petersilie, Tonkabohne, Vanille, Zimt, Zitronensaft oder Zitronenmelisse.

Faustregel: Haltet ein Verhältnis von 2 : 1 ein – sprich 2 Teile Obst oder Gemüse sowie 1 Teil Flüssigkeit.

MIX & MATCH

Je nachdem, worauf ihr Lust habt, könnt ihr unterschiedliche Zutaten kombinieren. Als Basis verwendet ihr entweder frisches oder gefrorenes Obst und Gemüse. Es gilt die Faustregel: Haltet ein Verhältnis von 1 : 1 : 1 ein – sprich 1 Teil Gemüse, 1 Teil Obst sowie 1 Teil Flüssigkeit.

1 OBST

Ananas, Aprikose, Avocado, Blaubeere, Blutorange, Brombeere, Erdbeere, Granatapfel, Grapefruit, Himbeere, Johannisbeere, Kiwi, Mango, Maracuja, Melone, Orange, Papaya, Pfirsich, Stachelbeere

2 GEMÜSE

Blattsalat, Feldsalat, Grünkohl, Gurke, Karotte, Mangold, Rote Bete, Sellerie, Spinat, Wildkräuter

3 FLÜSSIGKEIT

Joghurt, Kokosmilch oder -wasser, Milch, selbst gemachte Obstsäfte, vegane Drinks, Wasser

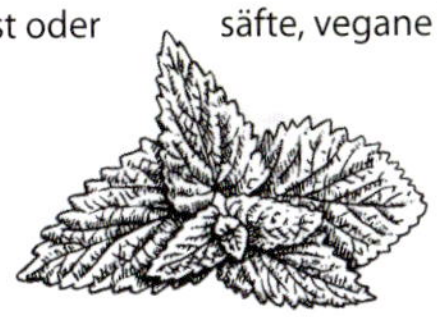

SMOOTHIES, SHAKES & CO.

Besser als gekauft: Smoothies, Shakes und Shots aus dem Mixtopf ganz nach eurem Geschmack – ohne Zusatzstoffe

ERFRISCHENDER ERDBEER-SWITCHEL MIT ROSMARIN

1 | Den Ingwer in den geben. Das Wasser zugeben und ohne Messbecher **14 Min. | Varoma® | Stufe 1** aufkochen lassen, dabei den Garkob als Spritzschutz aufsetzen. Den Ingwertee ca. 30 Min. im abkühlen lassen.

2 | Den Ingwertee durch den Garkorb abgießen und zurück in den geben. Agavendicksaft, Essig, Zitronensaft, Erdbeeren und Rosmarin zugeben und **10 Sek.** | | vermengen. Dann 1 Std. abkühlen lassen.

3 | Einige Eiswürfel auf 4 Gläser verteilen. Erdbeer-Switchel daraufgießen und servieren. Nach Belieben mit Rosmarinzweigen garnieren.

>IMMUN-POWER Dieser Switchel tut einfach gut. Ingwer wirkt antibakteriell, hemmt die Vermehrung von Viren und regt Durchblutung und Kreislauf an. Er fördert die Verdauung und steigert die Bildung von Magensaft. Außerdem ist er reich an Vitamin C und unterstützt euer Immunsystem. Der Apfelessig, der in jeden Switchel gehört, versorgt euch mit Vitaminen und soll Abhilfe bei Kopfschmerzen und Bluthochdruck schaffen. Eine Studie hat zudem gezeigt, dass Apfelessig beim Abnehmen helfen kann. Das hier ist also ein echter Feel-Good-Drink, den ihr ohne schlechtes Gewissen genießen könnt.

LOW CARB | LOW FAT

PRO GLAS: 56 KCAL | 1 G E | 2 G F | 11 G KH

20 Min. zzgl. 1 Std. 30 Min. Ruhezeit

Zutaten für 4 Gläser à 400 ml

- 3 cm Ingwer, in Scheiben
- 1200 g Wasser
- 30 g Agavendicksaft
- 20 g Apfelessig
- 1 EL Zitronensaft
- 250 g Erdbeeren, in Stücken
- 4 Zweige Rosmarin, alternativ Minze
- einige Eiswürfel

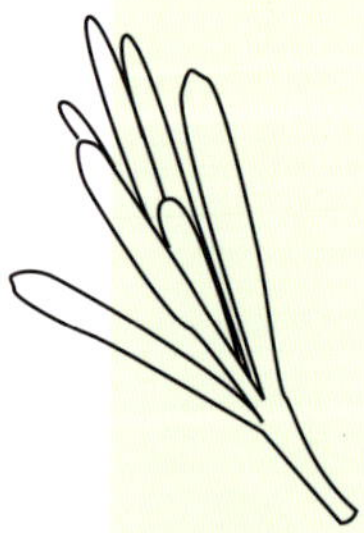

BEERENSMOOTHIE MIT MANDELN

1 | Das Kokosöl in einer Pfanne erhitzen. Die Mandeln zugeben und bei mittlerer Hitze anrösten. Anschließend abkühlen lassen.

2 | Die gerösteten Mandeln in den geben und **8 Sek. | Stufe 7** zerkleinern. Die übrigen Zutaten hinzufügen und **45 Sek. | Stufe 10** pürieren. Den Smoothie auf 4 Gläser verteilen und servieren.

PRO GLAS: 249 KCAL | 26 G E | 10 G F | 21 G KH

10 Min.

Zutaten für 4 Gläser à 200 ml

- 1 EL Kokosöl
- 30 g Mandeln
- 100 g Blaubeeren
- 150 g Himbeeren
- 3 EL Erythrit
- 1 TL Chiasamen
- 80 g veganes Proteinpulver (z. B. mit Vanillegeschmack)
- 650 g Sojadrink

PROTEINPULVER

Ihr könnt Proteinpulver zum Beispiel morgens unter euer Müsli rühren oder es zum Backen und Kochen verwenden. Neben dem sättigenden Effekt verleiht es jeder Mahlzeit Extra-Geschmack und -Süße. Das spart Zucker und Kalorien!

INGWER-ZITRONE-SHOT

PRO SHOT: 19 KCAL | 0 G E | 0 G F | 4 G KH

5 Min.

Zutaten für 8 Shots à 50 ml

- 70 g Ingwer, in Stücken
- Saft von 3 Zitronen
- 30 g Akazienhonig
- 100 g Wasser

1 Ingwer, Zitronensaft, Honig und Wasser im **30 Sek. | Stufe 10** pürieren.

2 Durch ein feinmaschiges Sieb streichen, in sterilisierte Gläschen abfüllen und kalt stellen.

INGWER

Die in der Knolle enthaltenen Scharfstoffe wärmen von innen. Vor allem morgens mobilisieren sie eure körpereigenen Kräfte, sorgen dank der ätherischen Öle schnell für gute Laune und machen wach. So werden Herz-Kreislauf-System und Stoffwechsel kräftig wach gerüttelt – ein Shot sorgt für einen richtigen Energy-Boost.

PRO SHOT: 9 KCAL | 0 G E | 0 G F | 2 G KH

- **5 Min.**
- **Zutaten für 5 Shots à 50 ml**

- 2 rote Chilischoten, entkernt, in Stücken
- 1 Knoblauchzehe
- 200 g Tomatensaft
- 1 TL getrockneter Oregano
- 2 Prisen Salz
- 2 Prisen frisch gemahlener schwarzer Pfeffer

TOMATEN-HOT-SHOT

1 | Chili und Knoblauch im 3 Sek. | **Stufe 8** zerkleinern. Mit dem nach unten schieben.

2 | Tomatensaft, Oregano, Salz sowie Pfeffer zufügen und **1 Min. | Stufe 10** pürieren. Den Shot in sterilisierte Gläschen abfüllen und kalt stellen.

CHILI

Verantwortlich für die Schärfe ist der Stoff Capsaicin. Er bewirkt das typische Brennen im Mund. Um diesen Reiz zu lindern, schüttet unser Körper Adrenalin und Endorphine aus – die Laune steigt! Capsaicin regt außerdem die Durchblutung an, das hilft gegen kalte Füße. Zudem wirkt die Schote antibakteriell und bei Erkältungen schleimlösend.

BEEREN-BETE-BOOSTER

PRO SHOT: 22 KCAL | 1 G E | 0 G F | 4 G KH

5 Min.
Zutaten für 12 Shots à 50 ml

* 120 g Rote Bete, vorgegart, in Stücken
* 125 g Blaubeeren
* 250 g Schwarzer Johannisbeersaft
* Saft von 1 Limette

Alle Zutaten in den geben und **1 Min. | Stufe 10** pürieren. In sterilisierte Gläschen abfüllen und kalt stellen.

>**TIPP** Die Frische macht den Unterschied: Alle Power-Shots am besten frisch zubereiten und direkt verzehren. Damit keine wertvollen Nährstoffe verloren gehen, solltet ihr sie in 3–5 Tagen verbrauchen.

ROTE BETE & BLAUBEERE

Ihre dunkle Farbe verdanken sie den natürlichen Farbstoffen, die antioxidative (entgiftende) Eigenschaften haben. Sie wirken u.a. entzündungshemmend und gegen freie Radikale, die Körperzellen schädigen. Zudem bremsen sie die Hautalterung. Mit ihrem hohen Mineralstoffanteil fördern Bete und Beere die Blutbildung.

PRO PORTION: 242 KCAL | 19 G E | 9 G F | 22 G KH

10 Min.
Zutaten für 4 Gläser à 250 ml

- 400 g Skyr
- 200 g Kirschen (TK), aufgetaut
- 400 g kalte Milch (1,5 % Fett)
- 4 EL zuckerfreie Schokoladendrops

SCHOKO-KIRSCH-SHAKE MIT SKYR

Skyr, Kirschen und Milch in den geben und **30 Sek. | Stufe 10** pürieren. Den Shake auf Gläser verteilen, mit Schokodrops garnieren und servieren.

>TIPP Neben Schokodrops schmecken auch geröstete Kokosraspel oder Maneldblättchen prima als Topping.

Schmeckt wie Schwarzwälder Kirschtorte

EISKALT

Lasst Skyr und Milch bis zur Verwendung im Kühlschrank. Wenn die Zutaten schön kalt sind, schmeckt der Shake besonders lecker. Durch den Skyr erhält der Shake seine herrlich cremige Konsistenz.

CHEAT DAY

Extra-Wissen

Redakteurin Hannah verrät euch, warum ein Schlemmer-Tag beim Abnehmen und Durchhalten hilft!

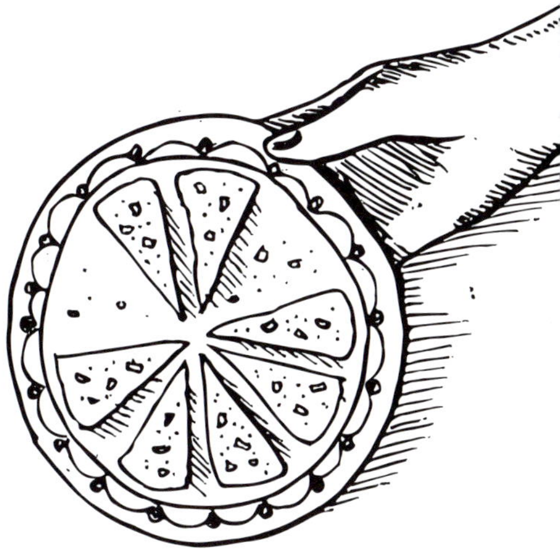

VERDIENTE PAUSE

Sicher habt ihr schon einmal vom Cheat Day gehört – dem Tag, an dem man schummelt. Für 24 Stunden sind die Diät-Regeln weitestgehend außer Kraft gesetzt. Und Hand aufs Herz: Manchmal ist das Verlangen nach Schokolade, Pizza oder einem Feierabendbier mit Freunden auch recht groß.

DIE GUTE NACHRICHT

Ab und an dürft ihr diesem Verlangen nachgeben. Wenn ihr ein paar Dinge beachtet, könnt ihr unter Umständen sogar schneller abnehmen. Unsere besten Tricks verraten wir rechts.

JEDE WOCHE

Der ständige Verzicht auf Lieblingsleckereien kann stark frustrieren. Die Folge: Das Risiko wird größer, in alte (ungesunde) Essensmuster zurückzufallen. Plant deshalb ruhig einen Schummel-Tag pro Woche ein, also einen Tag, an dem ihr mit euren Abnehm-Regeln nicht ganz so streng sein müsst. Ihr werdet sehen, es wird euch an den übrigen sechs Wochentagen viel leichterfallen, standhaft zu bleiben.

GENUSS-TAG: TUT EUCH WAS GUTES

Wichtig ist, dass der Cheat Day immer etwas Besonderes, also eine bewusste Ausnahme bleibt. Schlagt also nicht wahllos allzu sehr über die Stränge. Sowohl bei Portionsgröße als auch bei den Zutaten der Mahlzeiten sollte Vernunft die oberste Priorität sein. Denn mit einem XXL-Fast-Food-Menü und literweise Cola kann man ruck, zuck den Erfolg der letzten Tage zunichtemachen. Es geht vielmehr darum, sich die Dinge zu gönnen, die man am meisten vermisst.

TOP-4-TIPPS

1 Esst, worauf ihr Lust habt!

Hört auf euren Körper und genießt am Cheat Day das, worauf ihr Appetit habt. Nur dann ist er auch sinnvoll.

2 Findet euren Rhythmus

Ideal ist ein Verwöhntag pro Woche. Probiert aus, ob ihr mit dem Rhythmus „6 Tage sehr bewusst essen – 1 Tag schummeln" zurechtkommt. Oder schafft ihr 13 : 1?

3 Ohne schlechtes Gewissen

Wenn ihr euch an einem Tag fürs Schlemmen entschieden habt, solltet ihr das genießen und das schlechte Gewissen abschalten.

4 Meal statt Day

Euer Heißhunger hält sich in Grenzen? Dann genügt es vielleicht schon, statt eines kompletten Tages nur eine Schummel-Mahlzeit einzuschieben. Statt einem ganzen Tag wird einfach bei einzelnen Mahlzeiten geschummelt, zum Beispiel einmal pro Woche beim Mittagessen, wenn die Kolleg*innen euch auf einen Burger einladen.

DIE WOCHE PLANEN

Wir haben fertige Essenspläne für satte 14 Tage für euch erstellt – zum Schlemmen und Genießen ohne Verzicht. Die Pläne sind gefüllt mit Gerichten aus vollwertigen Zutaten, guten Fetten und wichtigem Eiweiß. So werdet ihr mit jedem Essen satt, zufrieden und gesünder.

	MONTAG	DIENSTAG	MITTWOCH
FRÜHSTÜCK	 505 kcal / 34 g E **Frühstücksomelett** Seite 24	 472 kcal / 31 g E **Bounty-Bowl** Seite 16	 358 kcal / 42 g E **Quarkauflauf** Seite 21
MITTAG	 474 kcal / 33 g E **Gemüsepuffer mit Schinken** Seite 67	 454 kcal / 40 g E **Cheeseburger-Wraps** Seite 70	 835 kcal / 47 g E **Low Carb Dönerteller** Seite 59
ABENDESSEN	 496 kcal / 20 g E **Risonisalat** Seite 37	 488 kcal / 32 g E **Lachsfrikadellen mit Spargel** Seite 46	 378 kcal / 18 g E **Blumenkohlreis-Salat** Seite 36
SNACK/SÜSSES	 242 kcal / 19 g E **Schoko-Kirsch-Shake mit Skyr** Seite 127	 310 kcal / 20 g E **ZauberGrieß** Seite 103	 179 kcal / 4 g E **Müsliriegel** Seite 95
KCAL	1717 kcal	1724 kcal	1750 kcal
Eiweiß	106 g	123 g	111 g

DONNERSTAG	FREITAG	SAMSTAG	SONNTAG
 486 kcal / 18 g E **Porridge mit Waldbeergrütze** Seite 18	 349 kcal / 24 g E **Cloud Bread mit Lachs** Seite 25	 519 kcal / 39 g E **Rührei mit Lachs** Seite 45	 341 kcal / 27 g E **Pfannkuchen mit Quarkcreme** Seite 83
 477 kcal / 46 g E **Hähnchenfrikadellen** Seite 58	 468 kcal / 34 g E **Low-Carb-Pizzarolle** Seite 66	 452 kcal / 25 g E **Räubertopf mit Paprika** Seite 64	 549 kcal / 28 g E **Frikadellen mit Rahmgemüse** Seite 71
 521 kcal / 38 g E **Spargelomelett** Seite 74	 660 kcal / 37 g E **Fischstäbchen mit Gemüsepüree** Seite 44	 470 kcal / 46 g E **Hähnchen mit Karottenreis** Seite 68	 454 kcal / 31 g E **Spinatrolle mit Lachs** Seite 50
 230 kcal / 20 g E **Skyr-Frucht-Dessert** Seite 102	 248 kcal / 10 g E **Bananenmuffins (2 Stück)** Seite 111	 278 kcal / 22 g E **New York Cheesecake** Seite 110	 277 kcal / 10 g E **Healthy Cookie Dough** Seite 100
1714 kcal	1725 kcal	1719 kcal	1621 kcal
122 g	105 g	132 g	96 g

	MONTAG	DIENSTAG	MITTWOCH
FRÜHSTÜCK	 277 kcal / 10 g E **Healthy Cookie Dough** Seite 100	 505 kcal / 34 g E **Frühstücksomelett** Seite 24	 249 kcal / 26 g E **Beerensmoothie mit Mandeln** Seite 122
MITTAG	 488 kcal / 32 g E **Lachsfrikadellen mit Spargel** Seite 46	 488 kcal / 14 g E **Weißkohltarte (2 Stücke)** Seite 80	 518 kcal / 28 g E **Lahmacun** Seite 60
ABENDESSEN	 734 kcal / 56 g E **Thunfisch-Spinat-Auflauf** Seite 49	 454 kcal / 31 g E **Spinatrolle** Seite 50	 530 kcal / 29 g E **Linsensalat** Seite 34
SNACK/SÜSSES	 179 kcal / 4 g E **Müsliriegel** Seite 95	 248 kcal / 10 g E **Bananenmuffins (2 Stück)** Seite 111	 338 kcal / 15 g E **Mini-Paprika** Seite 96
KCAL	1678 kcal	1695 kcal	1635 kcal
Eiweiß	102 g	89 g	98 g

DONNERSTAG	FREITAG	SAMSTAG	SONNTAG
 370 kcal / 10 g E **Hafer-Frühstücksmuffins (2 Stück)** Seite 20	 349 kcal / 24 g E **Cloud Bread mit Lachs** Seite 25	 310 kcal / 20 g E **ZauberGrieß** Seite 103	 519 kcal / 39 g E **Rührei mit Lachs** Seite 45
 265 kcal / 17 g E **Parmesanwaffeln** Seite 99	 432 kcal / 23 g E **Wirsingsalat mit Garnelen** Seite 32	 470 kcal / 46 g E **Hähnchen mit Karottenreis** Seite 68	 243 kcal / 19 g E **Schnelle Pilz-Frittata** Seite 87
 835 kcal / 47 g E **Dönerteller** Seite 59	 660 kcal / 37 g E **Fischstäbchen mit Gemüsepüree** Seite 44	 438 kcal / 14 g E **Putengyros mit Krautsalat** Seite 63	 549 kcal / 28 g E **Frikadellen mit Rahmgemüse** Seite 71
 230 kcal / 20 g E **Skyr-Frucht-Dessert** Seite 102	 242 kcal / 19 g E **Schoko-Kirsch-Shake mit Skyr** Seite 127	 472 kcal / 31 g E **Bounty-Bowl** Seite 16	 364 kcal / 12 g E **Apfel-Dinkel-Tarte (2 Stücke)** Seite 108
1700 kcal	1683 kcal	1690 kcal	1675 kcal
94 g	103 g	111 g	98 g

KURZANLEITUNGEN

Hier seht ihr auf einen Blick, wie ihr bestimmte Zutaten verarbeiten könnt und welche Zeiten und Stufeneinstellungen dafür jeweils die richtigen sind

PRODUKT	BASIS-FUNKTION	MENGE	FORM / HINWEIS	ZEIT + STUFE	z.B. FÜR
Eier	Eischnee	4 Eiweiß (+ 200 g Zucker)	Der muss absolut fettfrei sein, mit eingesetztem Rühraufsatz	ohne Zeiteinstellung Stufe 3 unter Sichtkontakt schlagen, Zucker einrieseln lassen	Baiser
Eier	emulgieren	1 Ei + Gewürze + 230 g Sonnenblumenöl	roh (ohne Schale)	Ei und Gewürze 30 Sek. | Stufe 4 vermengen, 2 Min. | Stufe 3,5 einstellen, Öl auf den Deckel des gießen	Mayonnaise
Eier	luftig aufschlagen	4 Eier	roh (ohne Schale)	1 Min. | Stufe 4	Biskuitteig
Eis	zerkleinern	200–500 g	Eiswürfel	5–8 Sek. | Stufe 5	Crushed Ice
Fisch	dampfgaren	500 g Fisch + 500 g Wasser	Filets im Varoma® und Einlegeboden	15–30 Min. | Varoma® | Stufe 1	Hauptspeise
Fisch	zerkleinern	500 g	angefroren, in Stücken	8 Sek. | Stufe 7	Frikadellen
Fleisch	zerkleinern	bis zu 300 g	angefroren, in Würfeln (3 cm)	15 Sek. | Stufe 6 mit	Hackfleisch
Fleisch	dünsten	300 g + 1 EL Öl	Hackfleisch	5 Min. | Varoma® | | Stufe 1	Bolognese
Fleisch	garen	4 Hähnchenbrustfilets + 500 g Wasser + ggf. 1 TL Gewürzpaste	im Ganzen, in Streifen oder in Würfeln, im Varoma® und/oder Einlegeboden	20–25 Min. | Varoma® | | Stufe 2	Frikassee
Früchte	auftauen	100 g Früchte + 500 g Wasser	gefroren, in einem Gefrierbeutel im Garkorb, Wasser im	12 Min. | Varoma® | Stufe 2	Kuchen, Desserts
Früchte	pürieren	200 g Früchte	gefroren oder frisch, ggf. mit etwas Flüssigkeit	20 Sek. | Stufe 8	Smoothies, Fruchtsoßen
Früchte	zerkleinern	bis zu 500 g	frisch, in groben Stücken	Stufe 4–5 ohne Zeiteinstellung unter Sichtkontakt	Füllungen
Garnelen	dampfgaren	200 g Garnelen + 500 g Wasser	küchenfertig, im Garkorb	10–15 Min. | Varoma® | Stufe 1	Hauptspeise
Gemüse	dampfgaren	bis zu 1500 g Gemüse + 700 g Wasser	in Stücken, im Varoma® und Einlegeboden	Wasser in den füllen, Garkorb einhängen, Gemüse einwiegen, 20–40 Min. | Varoma® | Stufe 1 garen	Beilage
Gemüse	dünsten	450 g Gemüse + 15 g Öl	in Scheiben	3–7 Min. | 120 °C | | Stufe 1	Soßen, Eintöpfe
Gemüse	kochen	500 g Gemüse + 600 g Wasser	in Stücken	20–25 Min. | 100 °C | Stufe 1	Suppen
Gemüse	pürieren	600 g Gemüse + etwas Flüssigkeit	in Stücken, gegart	30 Sek. | Stufe 8–10	Suppen
Gemüse	zerkleinern, fein	bis zu 500 g	in Stücken	8–10 Sek. | Stufe 6	Salate, Bratlinge
Gemüse	zerkleinern, grob	bis zu 500 g	in Stücken	4–5 Sek. | Stufe 5	Salate, Gratins

PRODUKT	BASIS-FUNKTION	MENGE	FORM / HINWEIS	ZEIT + STUFE	z. B. FÜR
Getreide	mahlen	250 g	ganze Getreidekörner	1 Min. | Stufe 10	Mehl
Kaffee	mahlen	250 g	Bohnen	40 Sek. | Stufe 10	Kaffeepulver
Kaffee	kochen	3–4 EL Kaffee + 1000 g aufgekochtes Wasser	Kaffeepulver	7 Min. | 100 °C | Stufe 1	Kaffee
Kartoffeln	garen	800 g Kartoffeln + 600 g Wasser + 1 TL Salz	ganz oder in Stücken, im Garkorb oder Varoma®	ganz: 30–40 Min. | Varoma® | Stufe 1 in Stücken: 25 Min. | Varoma® | Stufe 1	Beilage
Kartoffeln	pürieren	Kartoffeln, 20 g Butter, Milch, Gewürze	in Würfeln und gegart	20 Sek. | Stufe 3	Kartoffelbrei
Käse, hart	reiben	100 g	in Stücken, gekühlt	12 Sek. | Stufe 10	Verfeinern von Pasta
Käse, mittelhart	reiben	100 g	in Stücken, gekühlt	10 Sek. | Stufe 7	Gratins, Aufläufe
Knoblauch	hacken	mind. 1 Zehe	frisch, geschält	2 Sek. | Turbo	Würzen von Speisen
Kopfsalate	zerkleinern, fein	500 g	in groben Stücken	4–5 Sek. | Stufe 4	Salate
Kräuter	zerkleinern	1 Bund / 20 g	frisch, nur die Blättchen	3 Sek. | Stufe 8	Würzen von Speisen
Milch	erwärmen	200 g bzw. 1000 g	nach Belieben mit Kakaopulver	4 Min. | 80 °C | Stufe 2 bei 200 g bzw. 8 Min. | 80 °C | Stufe 2 bei 1000 g Milch	heiße Schokolade
Nudeln	kochen	1200 g gesalzenes Wasser + 350 g Nudeln	lange Nudeln ggf. mit dem durch die Deckelöffnung drücken	Wasser 10 Min. | 100 °C | Stufe 1 aufkochen, Nudeln nach Packungsangabe | 100 °C | | Stufe 1 garen	Beilage
Nüsse	hacken, grob	200 g	ganze Nusskerne	4 Sek. | Stufe 5	Krokant
Nüsse	hacken, fein	200 g	ganze Nusskerne	8 Sek. | Stufe 7	Teige
Nüsse	mahlen	200 g	ganze Nusskerne	12 Sek. | Stufe 7	Nussbiskuit
Quark	cremig rühren	500 g	nach Wunsch mit 30 g Zucker und 40 g Mineralwasser	7 Min. |	Desserts
Reis	garen	bis zu 300 g Reis + 1000 g Wasser + 1 TL Salz	Reis im Garkorb	20 Min. | 100 °C | Stufe 4	Beilage
Schokolade	zerkleinern	100 g	in Stücken	3–4 Sek. | Stufe 7	Torten, Deko, Desserts
Schokolade	schmelzen	100 g	zerkleinert	3–5 Min. | 50 °C | Stufe 2	Torten, Deko, Desserts
Sahne	steif schlagen	200 g–600 g	mit eingesetztem Rühraufsatz	ohne Zeiteinstellung Stufe 3,5 unter Sichtkontakt	Torten, Deko, Desserts
Trockenfrüchte	zerkleinern	50 g	entsteint	5 Sek. | Stufe 7	Füllungen, Gebäck
Zwiebeln	zerkleinern	1–6 Zwiebeln	halbiert	4–6 Sek. | Stufe 5	Würzen von Speisen

REZEPTREGISTER

SYMBOLE

Mit unseren Symbolen und Angaben habt ihr schnell den Überblick, ob ein Rezept euren gewünschten Ernährungskriterien entspricht und wie man es zubereitet.

NÄHRWERTE

Zu jedem Rezept findet ihr die konkreten Nährwerte mit den hier rechts erklärten Abkürzungen.

KCAL – Kilokalorien

G E – Gramm Eiweiß

G F – Gramm Fett

G KH – Gramm Kohlenhydrate

ERNÄHRUNG

Ob ein Rezept eure ganz persönlichen Ernährungskriterien erfüllt, erkennt ihr an unseren Kennzeichnungen direkt an den Rezepten.

Entspricht ein Rezept einem Kriterium, ist das entsprechende Symbol eingefärbt. Ist die Eigenschaft nicht erfüllt, ist das Symbol ausgegraut.

So seht ihr auf einen Blick, ob ihr bedenkenlos zugreifen könnt!

VEGETARISCH

VEGAN

LAKTOSEFREI

GLUTENFREI

KALORIENARM
Hauptgerichte < 500 kcal, Suppen/Vorspeisen < 350 kcal, süße Rezepte < 150 kcal, jeweils pro Portion

LOW CARB – KOHLENHYDRATARM
< 25 % der kcal entstehen durch Kohlenhydrate

LOW FAT – FETTARM
< 20 % der kcal entstehen durch Fett

REZEPTE

Damit ihr beim Mixen schnell erfassen könnt, was zu tun ist, haben wir wiederkehrende Funktionen und Zubehöre durch die hier gezeigten Symbole ersetzt.

MIXTOPF

TEIGMODUS

LINKSLAUF

SPATEL

SANFTRÜHRSTUFE

IMPRESSUM

Mit 4 Mahlzeiten pro Tag – Schlank & gesund. Genießen und abnehmen mit Thermomix® von „mein ZauberTopf/EINFACH LECKER" ist eine Publikation aus dem Hause falkemedia

Herausgeber
falkemedia GmbH & Co. KG,
K. A. Goukassian (v. i. S. d. P.)

„mein ZauberTopf" ist eine unabhängige Publikation aus dem Hause falkemedia und steht in keinerlei Verbindung zu den Unternehmen der Vowerk-Gruppe. Die Marken Thermomix®, TM5® und Varoma® sowie die Produktgestaltungen des Thermomix® sind eingetragene Marken der Unternehmen der Vorwerk-Gruppe. Für die Rezeptangaben in **„mein ZauberTopf"** ist ausschließlich falkemedia verantwortlich.

Haftungsausschluss
Für Fehler im Text, in Schaltbildern, Aufbauskizzen usw., die zum Nichtfunktionieren führen, wird keine Haftung übernommen.

Datenschutz
Jürgen Koch
(datenschutzanfrage@falkemedia.de),
falkemedia GmbH & Co. KG,
Abt. Datenschutz,
An der Halle 400 #1, 24143 Kiel

Bildnachweise
S. 11 Adobe Stock/PhotoSG; S. 12 Adobe Stock/mizina; S. 13 Adobe Stock igishevmaria, Adobe Stock/Andrey Popov; iStock/Getty Images Plus/Sohadiszno: S. 22 Adobe Stock/HandmadePictures; S. 36 StockFood/Gräfe & Unzer Verlag/Lang, Coco, S. 61 StockFood/für ZS Verlag/Kirchherr, Jo; S. 78 StockFood/Gräfe & Unzer Verlag/mona binner PHOTOGRAPHIE, S. 79 StockFood/PhotoCuisine; S. 83 iStock/Getty Images Plus/Metkalova; S. 87 StockFood/Gräfe & Unzer Verlag/Arras, Klaus; S. 92 StockFood/Dangubic, Natasa; S. 94 StockFood/Gräfe & Unzer Verlag/Kramp + Gölling; S. 98 StockFood/Mondadori Portfolio; S. 99 StockFood/für ZS Verlag/Schütz, Anke; S. 104 StockFood/für ZS Verlag/Timmann, Claudia; S. 105 iStock/Getty Images Plus/urfinguss; iStock/Getty Images Plus/baibaz; iStock/Getty Images Plus/sveta_zarzamora; iStock/Getty Images Plus/kirin_photo; S. 111 StockFood/Goskova, Tatiana; S. 113 StockFood/für ZS Verlag/Schütz, Anke; S. 114 Adobe Stock/gitusik; S. 115 StockFood/Gräfe & Unzer Verlag/ D'Angelo, Vivi; S. 121 StockFood/Schulte-Ladbeck, Stefan; S. 122 Adobe Stock/MarekPhotoDesign.com; S. 123 StockFood/für ZS Verlag/Brachat, Oliver; S. 126 Adobe Stock/Yulia Furman; S. 127 StockFood/für ZS Verlag/Schütz, Anke

Illustrationen
Getty Images iStock/Getty Images Plus: Umschlag kameshkova, matsabe, S. 39 setory, S. 105 rraya, S. 129 Adehoidar; Adobe Stock: Umschlag FourLeafLover, Happy Art, Wonder-studio, S. 4/5 Evgeniya, S. 12 Simple Line , S. 55 Simple Line, S. 89 Simple Line; S. 117 Evgeniya; Shutterstock: S. 115 Erik D; Archiv

Redaktion
Vivien Koitka (Chefredaktion); Dr. Tanja Lindauer, Svenja Rudolf, Nicole Neumann (CvD)

Rezepte
Madeline Bartsch, Jennifer Dehen, Anna-Maria Hilbert, Charlotte Heyn, Lukas Lotzing, Elisa Schilling, Vera Schubert

Food-Fotografie
Tina Bumann, Anna Gieseler, Jorma Gottwald, Kathrin Knoll, Désirée Peikert

Lektorat
Julia Voigtländer

Grafik und Bildbearbeitung
Katharina Rudy, Nele Witt

Verlag
falkemedia GmbH & Co. KG
An der Halle 400 #1, 24143 Kiel
Tel. (0431) 200 766-00
Fax (0431) 200 766-50
HRA 8785 Amtsgericht Kiel

www.falkemedia.de
www.zaubertopf.de

Druck
optimal media GmbH
www.optimal-media.com

1. Auflage Januar 2023
ISBN: 978-3-96417-241-9

falkemedia
Wir begeistern Menschen.

Bisher erschienen

Die neue erfolgreiche Buchreihe „Einfach lecker“ von **mein ZauberTopf** ist ein Must-have für alle Fans des Thermomix®. Je über 70 Rezepte, wirklich hilfreiche Mix-Tipps und tolle Basis-Rezepte

ISBN: 978-3-96417-165-8

ISBN: 978-3-96417-166-5

ISBN: 978-3-96417-167-2

ISBN: 978-3-96417-168-9

ISBN: 978-3-96417-253-2

erscheint April 2023

Fehlt euch die Zeit oder die zündende Idee? Ihr wollt besser essen? Wir helfen euch!

Schlagt einfach hier nach: je 146 Seiten, hochwertige Klappenbroschur, nur 14,99 Euro

JETZT BESTELLEN UNTER: WWW.ZAUBERTOPF-SHOP.DE

Dieses und weitere auf:

amazon.de

AUCH ÜBERALL IM BUCHHANDEL:

bücher.de

Thalia

OSIANDER.de

Hugendubel
Das Lesen ist schön!

Mayersche.de